Kobi

Management des Wandels

Dr. Jean-Marcel Kobi

Management des Wandels

Die weichen und harten Bausteine erfolgreicher Veränderung

2., überarbeitete Auflage

Verlag Paul Haupt Bern · Stuttgart · Wien

Die Deutsche Bibliothek – CIP-Einheitsaufnahme

Kobi, Jean-Marcel:
Management des Wandels : die weichen und harten Bausteine erfolgreicher Veränderung / Jean-Marcel Kobi. –
2., überarbeitete Aufl. – Bern ; Stuttgart ; Wien : Haupt, 1996
ISBN 3-258-05410-X
NE: Selm, Roman:

Dieses Papier ist umweltverträglich, weil chlorfrei hergestellt
Printed in Switzerland

Für Ruth
Sylvie und Marius

Inhaltsverzeichnis

Abbildungsverzeichnis

Vorwort

"Niemand ändert sich gern, Herr lass mich rein und keusch werden, nur jetzt noch nicht" (AUGUSTUS).

Wandel verunsichert, beunruhigt zunächst. Das gilt auch für Unternehmen. Es gibt aber keine Alternative zum Wandel. Vielfältiger und immer schnellerer Wandel von aussen und innen wird für Unternehmen immer häufiger zur unausweichlichen Herausforderung. Erfolgreich werden jene Unternehmen sein, die den Wandel als Chance begreifen und ihn aktiv angehen, die schneller lernen als die andern.

In einer Zeit fundamentalen Wandels ist es entscheidend, ob wir diesen Wandel als Bedrohung oder als Chance wahrnehmen. Damit Mitarbeiter den Wandel als Chance sehen, sind mir aus den Erfahrungen der letzten Jahre eine gesunde Vertrauensbasis und tragfähige zwischenmenschliche Beziehungen besonders wichtig geworden.

Die Ansätze zum Wandel im Unternehmen sind zahlreich und meistens eher punktuell. Einfache, eindimensionale Rezepte genügen aber in einer Zeit des Wandels nicht mehr. Wir brauchen mehr Kenntnisse über mögliche Erfolgsfaktoren des Wandels. Wandel muss ganzheitlicher und als Prozess verstanden werden.

In diesem Buch steht weniger das individuelle Lernen als das lernende Unternehmen, die Bewältigung komplexer Veränderungssituationen im Vordergrund. Es geht mehr darum, das breite Feld der Veränderungen im Denken aufzuzeigen als um punktuelle Veränderungen.

Führungskräften und Mitarbeitern/innen soll ein praxiserprobtes Gerüst sowie Bausteine, als Denkrahmen für die eigene Brücke der Veränderung, angeboten werden. Die Brücke steht als Sinnbild für die Verbindung zu neuen Ufern. Das Buch will einen Denkrahmen zum Bau der Brücke vermitteln und Hilfe zur Selbsthilfe leisten. Über die Brücke müssen Sie aber selber gehen.

1. Es gibt keine Alternative zum Wandel

1.1 Vielfältiger Wandel von innen und aussen

Alles ist im Fluss. Zudem sind die Anzeichen häufig widersprüchlich. Ein paar Stichworte zum Wandel im Umfeld des Unternehmens und im Unternehmen selbst sollen die Vielfalt des Wandels verdeutlichen:

Gesellschaftlicher Wandel:

- Der Zerfall der Werte führt zu einer Orientierungs- und Sinnkrise.
- Fortschritt, Wachstum und Gewinn werden relativiert, ohne dass echte Alternativen sichtbar werden.
- Die Verabsolutierung der Vernunft hat ihren Höhepunkt überschritten; Wissenschafts- und Technikgläubigkeit verblassen.
- Das Bewusstsein der Knappheit der Ressourcen gewinnt an Boden (Trend zu natürlichen und alternativen Energien usw.).
- Eine Instantmentalität (Subito-Generation) greift um sich.
- Individualismus schränkt die Solidaritätsbereitschaft ein.
- Konsum, Komfort und Sicherheit werden immer wichtiger. Die Erlebnis- und Freizeitgesellschaft breitet sich aus.
- Die Gleichstellung von Mann und Frau wird zunehmend realisiert.
- Die Kluft zwischen arm und reich, jung und alt, vergrössert sich.
- Das Bewusstsein, dass alles mit allem zusammenhängt, wächst.
- Lebenslanges Lernen wird unumgänglich.

Aspekte wirtschaftlichen Wandels sind:

- gesättigte Märkte, Verdrängungswettbewerb, zunehmende Konkurrenz auch aus anderen Branchen/Regionen
- Internationalisierung, Globalisierung
- Kostendruck
- Deregulierung
- "Zeit" als entscheidender Wettbewerbsfaktor
- Arbeitsintensivierung, Zwang zu hoher Produktivität
- wirtschaftliche Turbulenz, Instabilität ("Hoffnungsträger von heute sind die Problemkinder von morgen")
- tiefgreifender Strukturwandel (schlanke Organisationen, Dienstleistungs- und Kommunikationsgesellschaft usw.)
- zunehmend öffentlicher Charakter von Unternehmen
- Trend zu kurzfristigem Denken und kurzfristigem Erfolg (Quartalsabschlüsse usw.)
- Suche nach neuen Formen der Zusammenarbeit (Allianzen, Zusammenschlüsse, Joint-Ventures)
- widersprüchliche Anforderungen betreffend die Betriebsgrösse (Markt verlangt grössere Unternehmen, Innovation und Reaktionsvermögen sind aber in kleineren Unternehmen eher möglich)
- konsequente Ausrichtung auf Kundenbedürfnisse
- Konzentration auf Kernkompetenzen.

Die technologische Entwicklung ist gekennzeichnet durch:
- Wissensexplosion, schnellen technologischen Wandel, technologische Quantensprünge, kürzere Produktezyklen
- Automatisierung, Computerisierung (kapitalintensive Anlagen, die möglichst ununterbrochen laufen müssen)
- neue Technologien (Bio-, Gen-, Lasertechnologie usw.)
- neue Fertigungstechnologien (Lean Management, customer tailored products)
- neue Formen der Arbeitsgestaltung (teilautonome Arbeitsgruppen usw.)
- Komplexität von Entscheidungen verlangt mehr Teamarbeit.

Die Konsequenz daraus sind neue Berufsbilder. Es entsteht ein erhöhter Qualifikationsbedarf. Wir alle üben wahrscheinlich in Zukunft in unserem Leben mehrere Berufe aus.

Der Arbeitsmarkt wird beeinflusst durch:

- Demographische Entwicklungen:
  - stagnierende Zahl der Erwerbstätigen
  - Verschiebung der Alterspyramide (Überalterung)
  - Erhöhung der Frauenerwerbsquote
- Strukturelle Verschiebungen:
  - unterschiedliche Märkte für Fachkräfte/Spezialisten und Unqualifizierte (mit hoher Arbeitslosenquote)
  - Entwicklung von Stammbelegschaft zu kleiner Stammbelegschaft mit flexibler Randbelegschaft
- Internationalen Arbeitsmarkt:
  - Internationalisierung des Arbeitsmarktes
  - Migration
  - Standortvorteile/-nachteile
- Verkürzung der Lebensarbeitszeit:
  - längere Ausbildungszeiten
  - Senkung des Pensionierungsalters
  - immer mehr "Ausgebrannte".

- **Wertewandel**

Die Erwartungen der Mitarbeiter/innen sind zunehmend unterschiedlich, vielschichtig und auch widersprüchlich. Zudem wandeln sich die Erwartungen auch im Verlaufe eines Arbeitslebens.

Nach meinen Beobachtungen bleiben die Karriereorientierten in der Regel karriereorientiert. Sie fragen aber zunehmend mehr nach dem Sinn ihres Tuns. Die Freizeitorientierten schlagen sich später teilweise zu den Karriereorientierten. Alternativorientierte werden tendenziell freizeitorientiert. Mit anderen Worten, was Selektionsprozesse nicht bewirken, bewirkt häufig die Sozialisation.

Trotz aller Unsicherheitsfaktoren lassen sich für qualifiziertere Mitarbeiter/innen ein paar kaum mehr umkehrbare Trends erkennen (siehe *Abbildung 1*):

Abbildung 1: Wertewandel

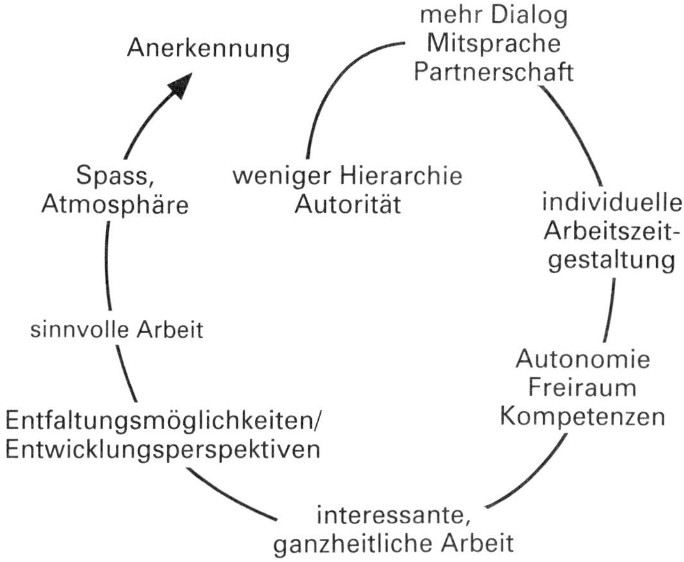

Auf einen einfachen Nenner gebracht, wünschen sie sich eine Arbeit, die sinnvoll ist und Spass macht. Sie tun sich schwer mit ausgeprägt hierarchischen Strukturen und autoritären Verhaltensweisen. Sie beanspruchen Freiraum zu autonomem Handeln.

Die Unternehmen werden lernen müssen, mit selbstbewussteren, anspruchsvolleren, ichbezogeneren und auch rücksichtsloseren Mitarbeitern/innen als Partner/innen umzugehen.

Akzentuierter Individualismus hat oft egoistische Züge. Leistungsbereitschaft und Teamfähigkeit sind nicht ohne weiteres vorhanden, dafür um so mehr Forderungen. Geringe Belastbarkeit geht oft Hand in Hand mit einer ausgesprochenen Zurückhaltung und Scheu vor Verantwortung.

Zu diesem Wandel von aussen gesellt sich ein Wandel von innen, beispielsweise ausgelöst durch:

- eine neue Strategie
- die Zusammenarbeit mit einem andern Unternehmen
- strukturelle Veränderungen (Dezentralisierung, flachere Organisation usw.)
- Flexibilisierungsprojekte
- Einführung von Qualitätsmanagement
- Lean Management-Projekte usw.

Der Wandel trifft alle. Einzelne Unternehmen sind besonders betroffen, so beispielsweise die staatlichen Post- und Telekommunikationsbetriebe. Sie müssen sich wandeln, und zwar:

- vom Monopolbetrieb zum deregulierten Unternehmen
- vom bürokratisch/hierarchischen zum flexiblen Denken
- von der Technik- zur Kundenorientierung
- von reaktivem zu aktivem Verhalten.

1.2 Kennzeichen des Wandels

Kennzeichen des Wandels sind:

- **schneller:**

  Es kann dahingestellt bleiben, ob die schwindelerregenden Prognosen über zukünftige Veränderungsgeschwindigkeit eintreffen werden. Sicher ist aber, dass alles zeitsensibler wird. Wir spüren oft am eigenen Leib die zunehmende Dynamik und die Zeitknappheit. Sich schneller als die andern zu wandeln, wird zum entscheidenden Wettbewerbsfaktor.

- **komplexer, turbulenter, unberechenbarer:**

Alle Probleme sind zunehmend vernetzt. Alles hängt mit allem zusammen. Die Kunst besteht darin, die zugrundeliegenden Muster zu erkennen.

Diskontinuität, Trendbrüche, unvorhergesehene Entwicklungen, Kippeffekte (z.B. ehemalige DDR, Ostblock, italienische Strände) sind an der Tagesordnung.

Widersprüchliche Verhaltensweisen und Entwicklungen machen alles unberechenbarer und verlangen vermehrt nach einer ganzheitlicheren Betrachtung.

Zu jedem Trend gibt es einen Gegentrend. Widersprüche sind oft sogar in der einzelnen Person greifbar. Wir sind hin- und hergerissen zwischen

Ordnung	und	Wandel
Sicherheit	und	Risiko
Routine	und	Flexibilität.

Aktuelle Erfolgsmodelle sind schon morgen nicht mehr gültig. Von 43 herausragenden Unternehmen (gemäss "In Search of Excellence") waren nach fünf Jahren nur noch deren 14 exzellent. 19 dieser ehemals herausragenden Unternehmen waren stark geschwächt oder hatten massive Probleme.

- **Wandel ist ein Dauerzustand:**

Alles ist im Fluss. Vielfältiger Veränderungsdruck von innen und aussen wird zum Normalfall und zur entscheidenden Herausforderung für jedes Unternehmen. Früher oder später sind alle betroffen.

1.3 Wandel als strategische Erfolgsposition

"Das einzige, was in unserer modernen Welt als Ziel der Erziehung überhaupt einen Sinn haben kann, ist die Fähigkeit zur Veränderung und dabei mehr dem Prozess als dem statischen Wissen zu vertrauen" (C. ROGERS).

Wandel ist für jedes Unternehmen unausweichlich. Den Wandel nicht zu durchlaufen, ist keine Alternative. Schneller lernen und den Wandel als Chance begreifen, heisst die aktive Antwort auf die unternehmerische Herausforderung.

Erfolgreich werden diejenigen Unternehmen sein, die schneller und besser lernen als die andern, die sich permanent selbst erneuern. **Sich wandeln können wird zum entscheidenden strategischen Erfolgsfaktor.** Zudem hat diese Fähigkeit den Vorteil, von der Konkurrenz schwer imitiert werden zu können.

Der Aufschwung der japanischen Industrie ist unter anderem das Ergebnis der "Lernbesessenheit" dieses Volkes.

Wandel als Chance begreifen - den Wandel lieben lernen.

Eine positive Einstellung zum Wandel stellt schon den halben Erfolg dar. "Man muss ins Gelingen verliebt sein, nicht ins Scheitern" (E. BLOCH).

Von "Change" zu "Chance" ändert ein einziger Buchstabe. Ein scheinbar kleiner, in der Praxis ein oft fast unüberwindbarer Unterschied.

Wandel wird aktiv gesucht und angegangen werden müssen. Das ist die neue Bewusstseinsveränderung, die heute von uns verlangt wird.

Je früher wir uns dem Wandel stellen, desto grösser sind die Freiräume. "Wer zu spät kommt, den bestraft das Leben oder dem sind zumindest die Möglichkeiten schon beschränkt" (M. GORBATSCHOW).

2. Grundlagen des Wandels

Vorerst müssen wir uns die Frage stellen, wie Menschen und Organisationen lernen. Das individuelle Lernen kann uns Hinweise für das Lernen von Organisation geben. Wenn der Einzelne lernt, ist das der erste Schritt, damit auch die Organisation lernt. Voraussetzung aber ist, dass das Gelernte für alle fruchtbar gemacht wird.

In Workshops zum Thema "Wandel" frage ich oft, wie Menschen lernen. Die häufigste Antwort lautet: durch Befriedigung der Neugierde oder durch Fragen und Hinterfragen. Vor allem Kinder lernen unbefangen, und zwar durch Versuch und Irrtum. Neue Informationen führen zuweilen zu neuen Einsichten. Gute Beispiele und verständliche Anleitungen erlauben es, Fortschritte zu erzielen. Voraussetzung ist aber wie immer, dass wir den Wandel wollen.

Diese Ansätze werden, bezogen auf Unternehmen, in einem folgenden Kapitel wieder aufgenommen. Vorerst sollen aber die wichtigsten Voraussetzungen für den Wandel in Unternehmen formuliert werden. Die Brücke des Wandels muss auf dem festen Grund einer bestimmten Denkhaltung, einer Kultur stehen und mitarbeiterorientiert, ganzheitlich und prozessorientiert sein.

2.1 Wandel setzt eine entsprechende Kultur voraus

Welche Kultur unterstützt den Wandel? Was sind die mentalen Voraussetzungen des Wandels?

David K. HURST (Of boxes, bubbles and effective management) unterscheidet zwischen einem rationalen und einem weichen Modell. Das **rationale Modell** ist durch Begriffe wie klar, formal, geschlossen, Wissen, Entscheid, Ziel, Objekte, linke Gehirnhälfte gekennzeichnet. Das **weiche Modell** durch Prozesse, informale offene Kommunikation, Werte, rechte Gehirnhälfte, Bilder, Symbole. Nach HURST ist sorgfältig zwischen Problemen zu unterscheiden, denen am besten mit harten Faktoren beizukommen ist, und anderen, welche eine "weiche" Handhabung erfordern. Je turbulenter das Umfeld, desto wichtiger werden die mentalen, weichen, irrationalen Elemente. In solchen Situationen ist die zarte Seifenblase stärker zu betonen als die "harte Kiste". *Abbildung 2* zeigt, wie je nach Stärke des Wandels unterschiedlich auf den Wandel zu reagieren ist.

Abbildung 2: Stärke des Wandels

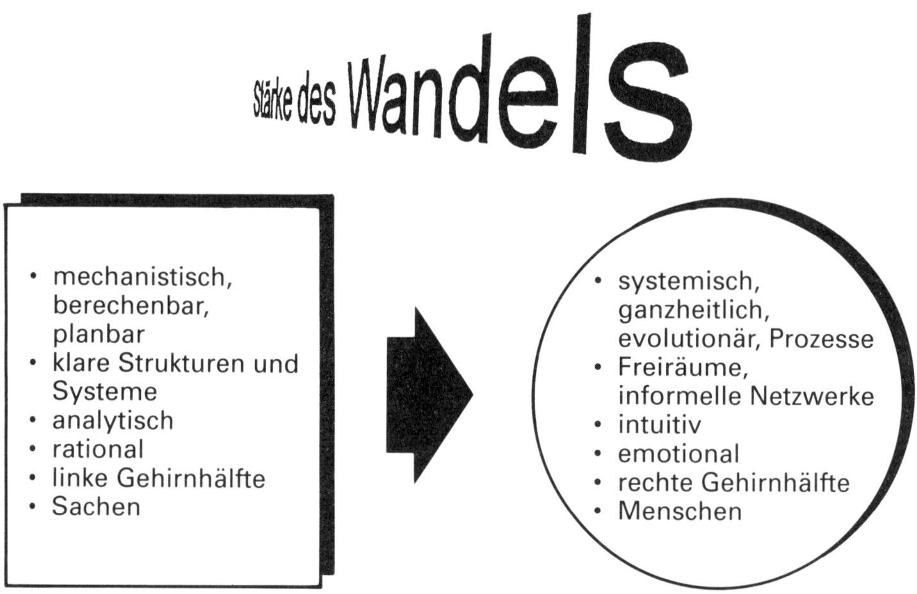

Erfolgreicher Wandel setzt einen **physischen** und einen **psychischen Wandel** voraus. Je turbulenter und instabiler Märkte und Ziele sind, desto weniger helfen harte Managementregeln und um so mehr muss über Werte geführt werden. Die mechanistische Denkweise, die auf Vernunft gründet, bedarf der Ergänzung. Neben dem Kopf müssen das Herz angesprochen und Gefühle einbezogen werden.

Wir haben es immer weniger mit linearen Entwicklungen zu tun. Die **mechanistische**, instrumentale **Sichtweise genügt nicht**. Konzentration auf die planbaren und steuerbaren harten Fakten verschleiert den Blick für die Zusammenhänge. Wenn eine Veränderung von oben verfügt wird, so ist das der direkte Weg, der in der Regel zu Widerständen führt. Besser ist es, geduldig das Bewusstsein dafür zu schulen, dass sich etwas ändern muss.

Das harte, rationale Modell ist nicht falsch, es reicht in turbulenten Zeiten nur nicht aus. Rationales Denken ist schematisch und berücksichtigt die zwischenmenschlichen Beziehungen zu wenig. Es auf eine andere Art zu versuchen, erfordert zum Beispiel ein sich gefühlsmässiges Öffnen durch Mitteilen von Hoffnungen, Ängsten und Befürchtungen. In einem zunehmend turbulenteren Umfeld können starre Systeme, zentrale Organisationen und technologische Umsetzung zu wenig effektiv sein. Veränderung braucht eine Führungskultur, die auf Partnerschaft und Dialog setzt. Sie verlangt den Glauben an die Mitarbeiter/innen und ihre eigenen Möglichkeiten.

Die Denkweise von Mitarbeiter/innen im Unternehmen zu kennen, ist von unbestrittener Bedeutung. Gemäss einer Studie (KIENBAUM, Süddeutsche Zeitung vom 11./12. Juli 1992) sind Unternehmenskultur und -klima der Nährboden für unternehmerischen Erfolg. Trotzdem wird in der Praxis wenig an der Unternehmenskultur gearbeitet. Für viele ist sie schwer greifbar. Aufgrund ihrer Komplexität wird sie gerne verdrängt oder es fehlt die Sensibilität dafür. Der Glaube an Zahlen und Fakten dominiert.

Viele Beispiele zeigen aber, dass die Unternehmenskultur eine **Schlüsselgrösse im Rahmen des betrieblichen Wandels** darstellt. Sie spielt in Zusammenhang mit jeder Veränderung eine entscheidende Rolle. Der notwendige Wandel im Denken der Mitarbeiter/innen hat beispielsweise in folgenden Fällen Unternehmungen veranlasst, sich näher mit ihrer Unternehmenskultur zu befassen:

- Unternehmen der Uhren- und Maschinenindustrie, die sich vom produkt- zum marktorientierten Unternehmen wandeln mussten,

- Unternehmen, die ihre Monopolstellung verloren und gezwungen waren, Beamtendenken zugunsten von kunden- und unternehmensorientiertem Denken aufzugeben,
- Unternehmen, die dezentralisierten und erkannten, dass dies nicht nur rechtliche und organisatorische Massnahmen erforderte, sondern ein Umdenken aller Beteiligten voraussetzte,
- Grossbetriebe, die sich verlorener Dynamik bewusst wurden,
- schnell gewachsene Unternehmen, die Gefahr laufen, Identifikation und Wir-Gefühl der Mitarbeiter/innen zu verlieren,
- Unternehmen, die zu erkennen suchen, welche Elemente ihrer Kultur sie an der Umsetzung ihrer Strategie hindert,
- Unternehmen, die eine eigenständige kulturelle Profilierung suchen,
- wenn längst nicht alle Fusionen und Zusammenschlüsse auf Dauer erfolgreich sind, so sind selten sachliche Gründe dafür entscheidend, sondern öfters hat man sich keine Rechenschaft über die Vereinbarkeit verschiedener Kulturen gegeben. Das, was im kulturellen und menschlichen Bereich vorgekehrt werden müsste, um die Zusammenarbeit erfolgreich zu gestalten, findet selten Beachtung.

Die Unternehmenskultur ist eine **Führungshilfe für das Management und dient der Orientierung des einzelnen**.

Mitarbeiter/innen in Unternehmen mit einer starken Unternehmenskultur wissen, was von ihnen verlangt wird. Die Unternehmenskultur gibt ihnen Sicherheit in Entscheidungssituationen. Wer seine eigene Kultur kennt, kann sie in der täglichen Führungsarbeit gezielt einsetzen und damit eine sichtbare Wirkung erzielen. Mit der Unternehmenskultur wird ein kommunikatives Verständigungspotential und damit die Basis für den Konsens in schwierigen Situationen geschaffen.

Begriff der Unternehmenskultur

Für den/die Praktiker/in ist die Unternehmenskultur:

die Art und Weise, wie die Dinge im Unternehmen angepackt werden oder der Geist und Stil des Hauses oder noch einfacher: die Summe aller Selbstverständlichkeiten.

Etwas akademischer formuliert ist die Unternehmenskultur die Gesamtheit von geteilten Normen, Wertvorstellungen und Denkhaltungen, die das Verhalten der Mitarbeiter/innen aller Stufen und somit das Erscheinungsbild eines Unternehmens prägen (siehe PÜMPIN/KOBI/WÜTHRICH, Unternehmenskultur).

Folgende **Aussagen zur Unternehmenskultur** scheinen mir wichtig:

- Jede Organisation hat eine Kultur.
- Es gibt nicht die ideale Unternehmenskultur. Entscheidend ist der Grad der Harmonie zwischen Kultur und Strategie. Ausgeprägte Kultur heisst nicht unbedingt erfolgreiche Kultur. Eine einheitliche Kultur mit einheitlichen Werten kann zum Beispiel im Gegensatz zur neuen unternehmerischen Herausforderung stehen. Verfestigte Kulturen lassen keine Entwicklung zu. In lebendigen Kulturen ist die Veränderung deshalb fester Bestandteil.
- Unternehmenskulturen bestehen meist aus Subkulturen. Die Aufgabe der Unternehmensführung besteht darin, die Vielfalt zu erkennen, zu bejahen und fruchtbar zu machen. Eine lebendige Unternehmenskultur stellt den Wandel selbst ins Zentrum, indem sie Werte wie Offenheit, Vertrauen, breites Denken usw. (siehe *Kapitel 2.1*) aktiv fördert.
- Eine gelebte Kultur ist kein stabiler Wert. Das Unternehmen muss ständig daran arbeiten. Kultur ist kein Zustand, sondern ein dynamischer Prozess.

Lernen in Organisationen wird durch eine Kultur der Offenheit und Sensibilität für Entwicklungen, Vertrauen, breites Denken und vorhandene Konfliktfähigkeit entscheidend gefördert.

Offenheit und Sensibilität für Entwicklungen, das heisst:

- offenes Lernklima, Bereitschaft, von andern zu lernen
- Sensibilität für Umwelt und Menschen
- Interesse an andern Meinungen
- Offenheit auch gegenüber Konkurrenten, offen für neue Koalitionen
- Dialog und Einbezug der Mitarbeiter/innen in den Prozess des Wandels: Das Unternehmen hat ein vitales Interesse, die Mitarbeiter/innen einzubeziehen. Nur wenn sie mitdenken und mitentscheiden können, sind sie produktiv. Mitarbeiter/innen sind nicht mehr Schachfiguren, sondern Mitspieler/innen und Partner/innen
- Freude am Experimentieren
- Zuhören können, Fragen stellen
- sich selbst hinterfragen.

Vertrauen und Glaubwürdigkeit entscheiden letztlich darüber, ob Menschen bereit sind, sich mit jemandem auf einen unsicheren Weg zu begeben.

Vertrauen setzt Vorbild, Offenheit und Ehrlichkeit sowie Glaube an die Entwicklungsfähigkeit der Mitarbeiter voraus. Mitarbeiter leisten ihren Beitrag nur, wenn sie spüren, dass jemand an sie glaubt.

Das Leistungspotential der Mitarbeiter/innen ist gewöhnlich grösser als angenommen. Keine Ressource wird so schlecht genutzt, wie diejenige der Mitarbeiter/innen. Deshalb steht im Leitspruch eines grossen Chemieunternehmens: "Wo die Menschen als Menschen wachsen, wächst auch die Organisation." Die sachliche Unternehmensführung muss mit der Idee der Entwicklung der eigenen Kräfte ergänzt werden. Das heisst:

- ständig ermutigen, Anerkennung schenken
- Fehler machen dürfen
- partnerschaftliche Zusammenarbeit; wenig ausgeprägte Hierarchien: Wandel bedingt partnerschaftliches Arbeiten
- ernst nehmen und respektieren.

Breites und langfristiges Denken, das heisst:
- Vielfalt statt Einfalt
- interdisziplinäre Zusammenarbeit, keine "Gartenzäune" errichten
- Widersprüche akzeptieren, sich verunsichern lassen
- Systemdenken.

2.2 Wandel setzt Mitarbeiterorientierung voraus

Immer schnellerer äusserer Wandel zwingt die Unternehmen zu eigenem inneren Wandel und eigener Entwicklung. Unternehmensentwicklung setzt aber Mitarbeiterentwicklung voraus. Je turbulenter das Umfeld, desto wichtiger sind die Menschen im Unternehmen. Flexibilität, Innovationsgeist oder Kundenorientierung gedeihen nur in einem mitarbeiterorientierten Umfeld. Bevor Märkte gewonnen werden können, müssen Menschen gewonnen werden. "Wertvoll an einem Unternehmen sind die Menschen, die dafür arbeiten und der Geist, in dem sie es tun" (N. NORDHOFF, ehemaliger Chef Volkswagenwerke).

In Reden und Leitbildern stehen die Mitarbeiter/innen oft im Mittelpunkt. Im Alltag sind sie allerdings häufig nur Mittel. Punkt. Tatsächlich habe ich in über fünfzig Unternehmenskulturdiagnosen nur etwa eine Handvoll echt mitarbeiterorientierte Unternehmen gefunden. Dem Erfolgsfaktor "Human Resources" wird in der Praxis noch zuwenig nachgelebt.

Aufgrund einer vertieften Untersuchung bei bedeutenden schweizerischen Unternehmen hat A.C. WOHLGEMUTH die wichtigsten Erfolgsfaktoren unternehmerischen Handelns herausgearbeitet. Demnach ist Erfolg letztlich das Ergebnis des Zusammenspiels vieler Faktoren. Interessanterweise haben sieben von sechzehn Erfolgsfaktoren einen direkten Bezug zu den "Human Resources".

Eine Kette ist bekanntlich nur so stark wie ihr schwächstes Glied. Dies sind leider oft die Mitarbeiter/innen. Die Menschen im Unternehmen sind die Träger der Potentiale des Wandels.

Auch in technischen Prozessen stehen die Mitarbeiter/innen und nicht etwa die intelligente Technik oder die Organisation im Mittelpunkt. Denn nur mitdenkende und mitverantwortliche Mitarbeiter/innen sind produktive Mitarbeiter/innen. Nur über die Mitarbeiterorientierung können andere Grundorientierungen nutzbar gemacht werden.

Mitarbeiterorientierung kann in Zeiten des Wandels nur dann als wichtig bezeichnet werden, wenn sie auch tagtäglich – vor allem in schwierigen Zeiten – vorgelebt wird. Die Mitarbeiter/innen wollen als ganze Menschen und nicht nur als Arbeitskräfte respektiert werden.

Wandel im Unternehmen setzt voraus, dass die Einflussfelder Kunde/Markt, Organisation/Struktur und die Mitarbeiter/innenwünsche und -bedürfnisse möglichst weit zur Deckung gebracht werden (siehe *Abbildung 3*).

Mitarbeiterorientierung setzt ein Menschenbild voraus, das auf Vertrauen, Dialog und Selbstentwicklung setzt.

Mitarbeiterorientiert handeln heisst die Bedürfnisse der Mitarbeiter erkennen, einen mitarbeiterorientierten Rahmen schaffen und brachliegende Mitarbeiterpotentiale nutzen. Jeder Mensch besitzt Entwicklungspotentiale, die entfaltet werden können. Ein positives Menschenbild, das die Mitarbeiter als entwicklungsfähig betrachtet, zieht positive Ergebnisse an.

Menschenführung ist eine Grundhaltung, in der der Mensch auch im Handeln im Zentrum steht. Eine Führungskraft muss Menschen mögen. Mitarbeiter sind das Vermögen des Unternehmens und gleichzeitig das, was das Unternehmen vermag.

Die Mitarbeiter wollen als ganze Menschen, nicht nur als Arbeitskräfte, respektiert werden. Sie wollen sich als Partner behandelt fühlen und verlangen zunehmend eine persönliche Führung. Viele Mitarbeiter empfinden heute einen Mangel an Teilnahme und Menschlichkeit. Es mangelt an tragfähigen zwischenmenschlichen Beziehungen.

Abbildung 3: Ineinandergreifen der Einflussfelder in der Unternehmensentwicklung

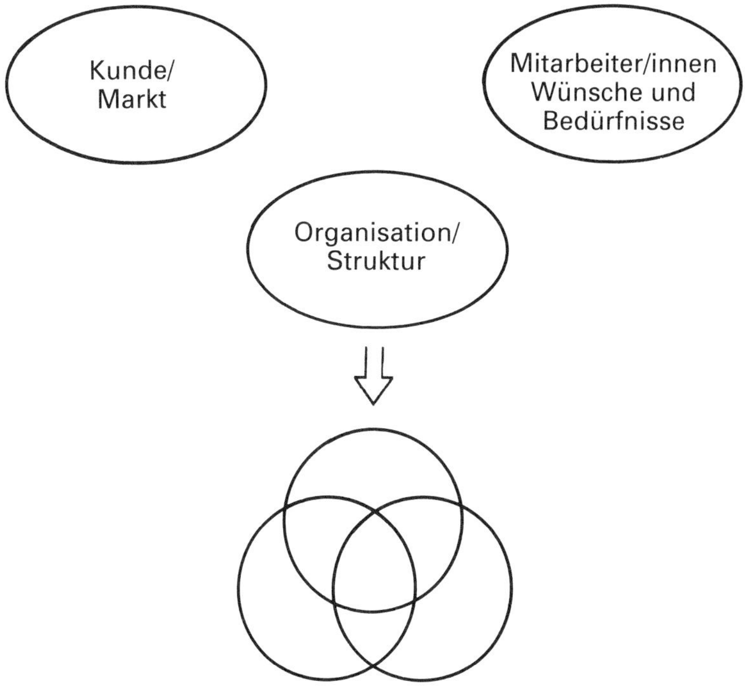

2.3 Wandel setzt ganzheitliches Denken und Prozessorientierung voraus

Veränderungsprozesse müssen **ganzheitlich** verstanden werden. Längerfristig kann sich kein einzelner Teil ohne Schaden für das Ganze einseitig entwickeln.

Systeme sind komplex und einfache Lösungen selten. Alles ist vernetzt. Nichts kann beeinflusst werden, ohne alles andere mitzubeeinflussen. Die einzelnen Elemente wirken wechselseitig aufeinander ein und stehen ebenso in wechselseitiger Abhängigkeit. Daraus kann geschlossen werden, wie wichtig es ist, sich der Abhängigkeiten bewusst zu sein und in Netzwerken zu denken. Wandel läuft in verschiedenen Phasen ab, die zu berücksichtigen sind. Dem eigentlichen Wandel geht eine Phase des "Auftauens" voraus (Sensibilisierung, Spannungsgefälle aufzeigen, erste Experimente). Nach der eigentlichen Veränderungsphase braucht es dann wieder eine Konsolidierungsphase.

Ganzheitliches Handeln betrachtet nicht nur Problemausschnitte, sondern berücksichtigt auch Neben- und Fernwirkungen.

Organisatorisches Lernen ist die Summe vieler Teilprozesse. Entscheidend ist die aufeinander abgestimmte Entwicklung von Strategie, Struktur und Kultur. Nur wenn sie als Gesamtpaket in Harmonie zueinander stehen, entfalten sie ihre Hebelwirkung. Wandel ist vergleichbar mit einem Tischtuch. Man kann nicht an einer Ecke ziehen, ohne nicht auch den Rest zu beeinflussen (siehe *Abbildung 4*). Isolierte Massnahmen wie Abschaffung von Titel, Abbau von Hierarchien oder verordneter kooperativer Führungsstil bringen für sich allein wenig.

Unser Denken ist auf Gegensätze ausgerichtet, statt auf Gleichgewichte. Lernen heisst Spannungen aushalten. Widersprüche stehen lassen können, sie ausbalancieren, Unsicherheit akzeptieren, die **Balance** finden, das "Sowohl-Als auch" statt auf dem "Entweder-Oder" zu beharren. Wandel benötigt die Auseinandersetzung mit den Polaritäten. Herman HESSE schreibt im Glasperlenspiel: "Unsere Bestimmung ist es, die Gegensätze richtig zu erkennen, erstens nämlich als Gegensätze, dann aber als Pole einer Einheit."

Abbildung 4: Abgestimmte Entwicklung

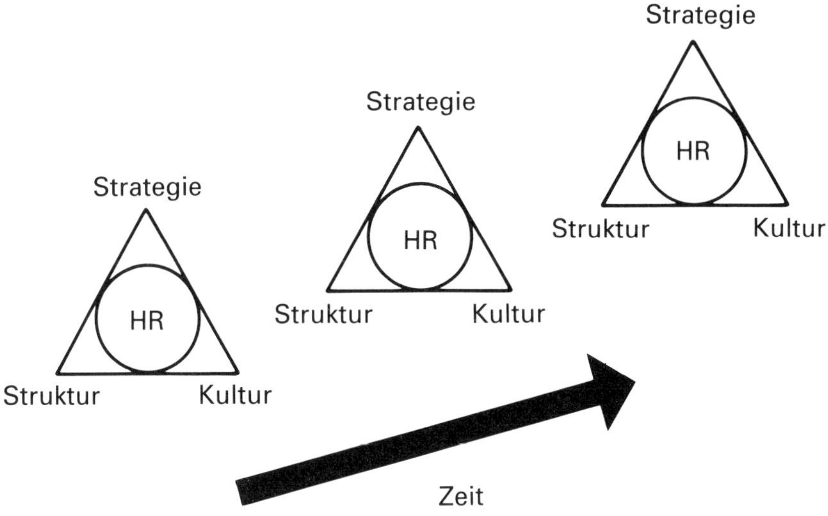

Solche Pole sind zum Beispiel:

Ordnung, eingebunden sein	-	Freiheit, Selbständigkeit
Aufgabenorientierung	-	Menschorientierung
Haben	-	Sein
verharren, Sicherheit	-	verändern, Wandel
Rigidität	-	Flexibilität
Tradition, Kontinuität	-	Innovation
Theorie	-	Praxis
Beruf	-	Familie
analytisch zu lösende Probleme	-	intuitiv zu lösende Probleme
Sachprobleme	-	Führungsprobleme
linke Gehirnhälfte	-	rechte Gehirnhälfte

Individualität	-	Gemeinschaft
kurzfristig	-	langfristig
hart	-	weich
Ziele	-	Werte
Ratio	-	Intuition
Gewinn	-	Sinn
kreative Spitzenleistung einzelner	-	innovative Teamarbeit
betriebswirtschaftliche Probleme	-	psychosoziale Probleme.

Je weiter das Pendel in die eine Richtung schwingt, desto stärker werden die entgegengesetzten Kräfte. Wandel löst Bewahrung, Flexibilität Stabilisierungsreflexe aus.

Die Überlebensfähigkeit sozialer Organisationen hängt unter anderem davon ab, wie weit es gelingt, die Balance zwischen den Extremen zu finden.

Wandel im Unternehmen kann nicht im üblichen Sinne geplant werden. Es gibt keine "wenn ... dann"-Beziehungen. Der Prozess des Wandels ist ein evolutionärer **Prozess**, der stabile und instabile Phasen durchläuft. Er beinhaltet Prozesse der spontanen Ordnung und der Selbststeuerung, wie Feedback und Vernetzung. Auch Führung darf nicht nur aufgaben- und ergebnisorientiert sein, sie muss vermehrt den Prozess berücksichtigen.

Prozessorientierung heisst auf Autonomie setzen und selbststeuernde Prozesse aktivieren und begleiten, so dass die Ideen von unten hochkommen. Es kann auch bedeuten, Prozesse laufend zu unterstützen, um aus ihnen zu lernen. Energien für Problemlösungen werden freigesetzt, wenn Spannungen sensibel wahrgenommen und zugelassen werden.

Wandel ist ein langfristiger Prozess, der Zeit, Geduld und Hartnäckigkeit verlangt. Dem steht das verbreitete kurzfristige Denken gegenüber. Gefragt ist der schnelle, sichtbare Erfolg; der ist leider in Prozessen des Wandels nur selten zu finden. Sie brauchen einen langen Atem.

3. Grenzen des Wandels

3.1 Jedes Unternehmen hat Entwicklungspotentiale

Die moderne Gehirnforschung zeigt, dass das einzelne Individuum wesentlich veränderbarer und beeinflussbarer ist als wir im allgemeinen glauben. Dasselbe gilt für Unternehmen. **Wir setzen uns unsere Grenzen selbst.**

Unter geeigneten Voraussetzungen können nicht nur Fähigkeiten, sondern auch Verhaltensweisen und Wertvorstellungen erlernt oder verlernt werden. Die meisten Menschen sind bereit, Neues zu lernen, wenn sie mit dem Bestehenden unzufrieden sind oder den Sinn und die Attraktivität des Wandels verstehen. Sie leisten aber offenen oder versteckten Widerstand, wenn sie sich verändern sollen, ohne den Sinn zu erkennen.

Nach einem alten Sprichwort lassen sich die Menschen in drei Gruppen einteilen:

a) Die erste Gruppe lässt sich kaum bewegen. Es sind Resignierte, Unbewegliche, die sich am Bewährten festklammern.
b) Die grösste Gruppe stellen in der Regel diejenigen dar, die sich bewegen lassen, wenn sie dazu ermuntert werden und den Sinn verstehen. Dazu gehören zum Beispiel Unentschlossene, Beeinflussbare.
c) Zur dritten Gruppe gehören schliesslich diejenigen, die bewegen wollen. Sie begreifen den Wandel als Herausforderung oder erhoffen sich eine Verbesserung einer unbefriedigenden Situation.

Auch in Zeiten des Wandels kann es hilfreich sein, die drei Gruppen möglichst klar zu erkennen und unterschiedlich anzugehen (siehe *Kapitel 5.5*).

Von entscheidender Bedeutung ist es, ob primär die Probleme oder die Chancen gesehen werden. Wenn die Chancen im Vordergrund stehen, haben auch die Resultate die Tendenz, positiv zu werden (siehe *Abbildung 5*).

Abbildung 5: ... nicht die Probleme, die Chancen sehen!

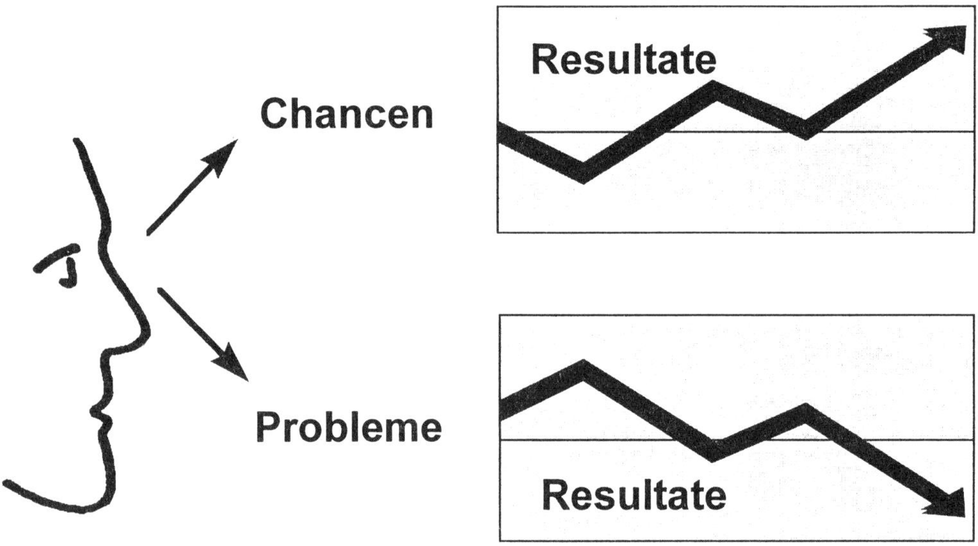

3.2 Jedes Unternehmen hat aber auch Grenzen

Jeder Wandel im Unternehmen hat gewöhnlich offene oder versteckte Gegner. Dabei sind die Reaktionen oft nicht rational erklärbar, sondern emotional und unbewusst gesteuert.

In Unternehmen gibt es Faktoren, die sich hemmend auf möglichen Wandel auswirken. **Hemmfaktoren des Wandels** im Unternehmen sind (siehe *Abbildung 6*):

- **einengende Führung/Strukturen, starre Unternehmenskultur** (*Kapitel 2.1*): In einem starren kulturellen Umfeld ist der Wandel schwierig.

Abbildung 6: Barrieren des Wandels

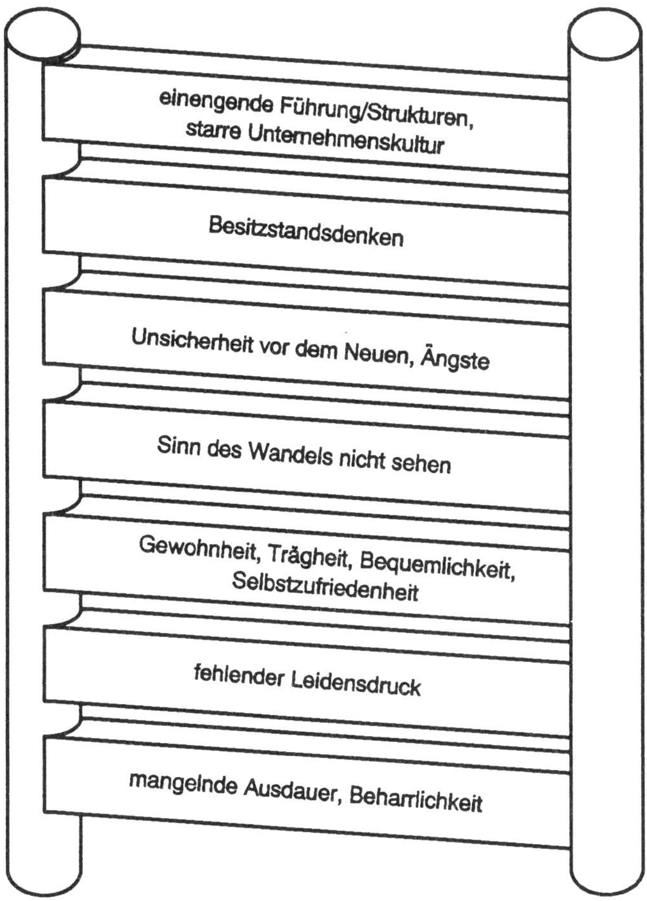

- **Besitzstandsdenken**: Eingespielte Prozesse, Strukturen und Gewohnheiten geben Halt und Sicherheit. Jede Veränderung bedroht diese Sicherheit. Wandel stellt Gewohnheiten in Frage, stört sorgfältig aufgebaute Gleichgewichte. Wandel verunsichert und führt zu Abwehrreflexen. Der Wunsch, den Besitzstand zu wahren, ist oft übermächtig.

  "Un homme arrivé ne bouge plus." Gerade Menschen, die etwas erreicht haben, sind oft schwer für den Wandel zu motivieren. Sie wollen lieber das Erreichte bewahren. Wer hat, was er braucht, engagiert sich nicht mehr ohne weiteres für etwas Neues. Machtträgern mangelt es deshalb oft an Risiko- und Veränderungsbereitschaft, um so mehr als sie zu sehr am kurzfristigen Erfolg gemessen werden und weniger an der Bewältigung langfristiger Veränderungsprozesse. "Macht haben, heisst, nicht mehr lernen zu müssen" (K. DEUTSCH). Machtstrukturen sind oft starke Hemmnisse für den Wandel.

- **Unsicherheit gegenüber dem Neuen, Ängste**: Veränderungen nähren die Angst zu versagen, besonders wenn zwischen der eigenen Einschätzung der Fähigkeiten und den gestellten Anforderungen eine zu grosse Differenz besteht. Je schneller der Wandel, desto grösser der Wunsch nach Bewahrung. Für das Neue fehlt uns die Erfahrung.

  Wenn der Wandel besonders schnell vor sich geht, können Gefühle von Stress entstehen.

  Wandel im Unternehmen kann eine neue Aufgabe, neue Kollegen, einen neuen Vorgesetzten mit sich bringen. Da kann die Frage schon legitim sein, ob man sich in der neuen Umgebung ebenso wohl fühlen werde wie vorher.

- **Sinn des Wandels nicht sehen.**

- **Gewohnheit, Trägheit, Bequemlichkeit, Selbstzufriedenheit** sind weitere Hemmschwellen für den Wandel. Das Bedürfnis nach Harmonie und Ruhe hindert den Wandel. Chancen werden nicht wahrgenommen, um die bestehende Stabilität nicht zu gefährden.

- **Mangelnder Leidensdruck**: Angesichts der geschilderten Beharrungstendenz sozialer Systeme sind Veränderungen oft nur möglich, wenn ein Leidensdruck vorhanden ist. Je erfolgreicher das Unternehmen in der Vergangenheit war und je verfestigter die Kultur, desto grösser muss dieser Leidensdruck sein. Bezeichnenderweise wird in Krisenzeiten besonders intensiv gelernt.

  Frühere Erfolge können hemmend auf notwendige Veränderungen wirken. Das Festhalten an früheren Erfolgsmustern mag ein Grund sein, warum auch exzellente Unternehmen oft nicht längerfristig erfolgreich bleiben (siehe *Kapitel 1.2*). Das Beispiel Japans zeigt, dass es viele Jahre benötigte, bis man bereit war, von den Japanern zu lernen (z.B. Total Quality Management, Lean Management).

- **Mangelnde Ausdauer, Beharrlichkeit**: Der Wandel lässt sich nicht per Knopfdruck verordnen. Er ist nur beschränkt planbar und steuerbar. Kurzfristiges Erfolgsdenken verträgt sich schlecht mit echtem Wandel.

4. Die Brücke des Wandels

Wandel kann unterschiedlich tiefgreifend sein und einen unterschiedlichen Kreis von Personen umfassen (siehe *Abbildung 7*).

Abbildung 7: Ebene und Tiefe des Wandels

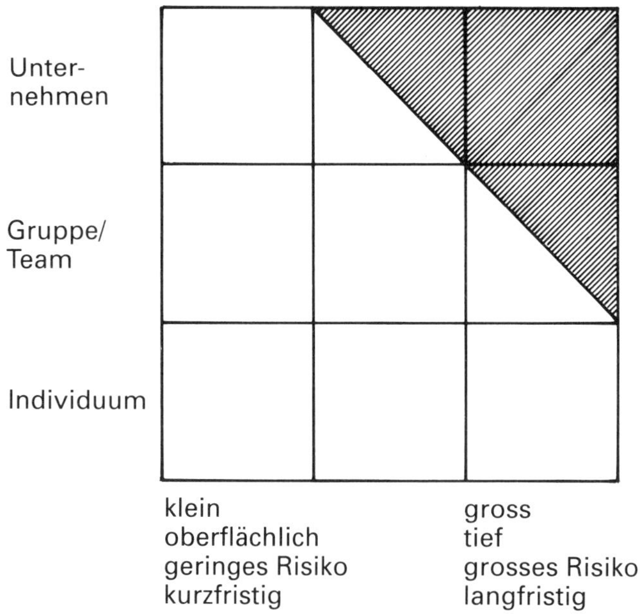

Die folgenden Ausführungen haben **primär Veränderungen auf Unternehmensebene und tiefergreifenden Wandel** im Auge. Selbstredend setzt aber unternehmerischer Wandel auch Wandel auf der individuellen Ebene voraus, und sind Module für tiefgreifenderen Wandel auch bei kleinerem Veränderungsbedarf sinngemäss anwendbar.

Es ist immer wieder interessant festzustellen, wie Wandel an einen "allein seligmachenden Faktor" gekoppelt wird. Man gibt vor, wenn diese oder jene Voraussetzung geschaffen werde, sei der Erfolg garantiert. Die Praxis zeigt aber, dass es wenig bringt, ein einzelnes Element herauszugreifen. Nur als

Gesamtlösung entfalten die Bausteine ihre verstärkte Wirkung. Im folgenden wird deshalb versucht, die verschiedenen Module für erfolgreichen Wandel wie Steine einer Brücke, die sinnbildlich zu neuen Ufern führt, zusammenzutragen. Sicher wird Ihre Brücke je nach topographischen Gegebenheiten und je nach Breite des Flusses unterschiedlich aussehen. Sie wird aber immer mit mehreren der dargestellten Module gebaut werden müssen.

Die Brücke des Wandels hat zwei Ebenen, jene der "weichen" und jene der "harten" Bausteine. Die Ebene der **weichen Bausteine** (in der *Abbildung 8* oben) hat mehr das Wollen und die emotionale Seite zum Gegenstand, wie Handeln, Experimente, führungsmässige Voraussetzungen usw. Die Ebene der **harten Bausteine** bezieht sich eher auf Wissen und kognitives Lernen. Hier haben wir es mit Veränderungen des Umfeldes, des Rahmens und der Spielregeln zu tun.

Abbildung 8: Die Brücke des Wandels

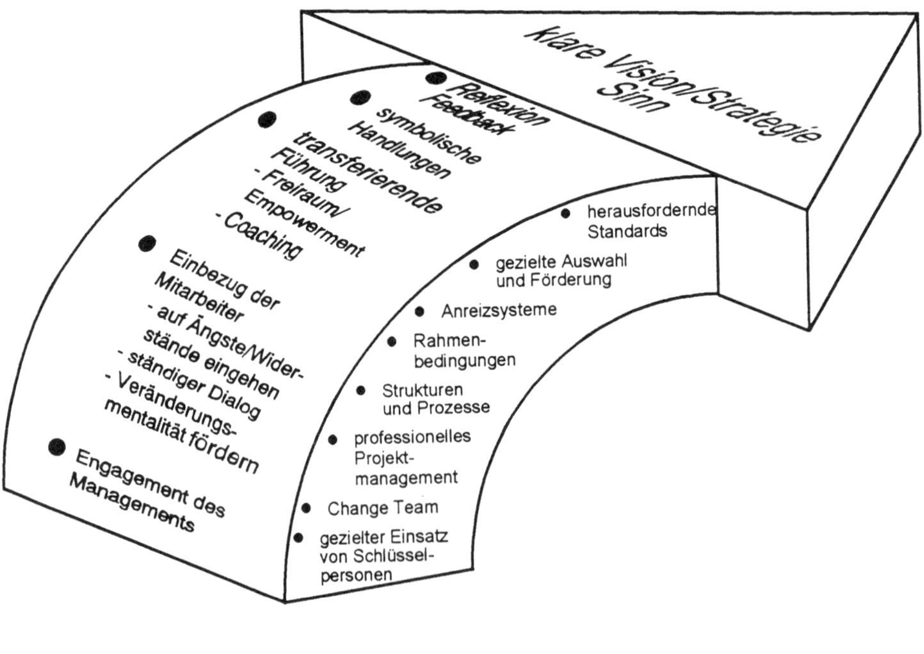

Immer bleibt vorausgesetzt, dass klar sein muss, zu welchen neuen Ufern die Brücke führen soll. Im besten Fall wird so etwas wie eine Vision oder ein klares Ziel formuliert werden können (siehe *Abbildung 8*).

4.1 Klare Vision/Strategie/Sinn

"Wenn das Leben keine Vision hat, dann gibt es auch kein Motiv, sich anzustrengen" (nach E. FROMM).

Visionen können in Zeiten des Wandels der Motor sein, der zum Handeln anleitet. Allerdings darf nicht schon jede mittelmässige Idee als Vision verstanden werden, sondern nur ein **richtungsweisendes, herausforderndes, gemeinsam entworfenes und emotional wahrnehmbares Bild einer wünschenswerten Zukunft**, das fasziniert und Identifikation schafft. Eine Vision entwickeln heisst, ein Schloss bauen und alle einladen, darin ein- und auszugehen. Eine Vision kanalisiert die Energien der Mitarbeiter/innen auf ein gemeinsames Ziel. Sie gibt Orientierung für kleine Schritte in die richtige Richtung. Sie spricht Herz und Verstand gleichermassen an. Dadurch entsteht das nötige emotionale Engagement. Die Vision muss subjektiv als motivierend empfunden werden. Nur überleben oder Gewinn erzielen, sind in diesem Sinne keine Vision. Kraft und Energie wachsen aus der Spannung zwischen Vision und Wirklichkeit.

Sinn macht für Menschen das, was ihnen zeigt, dass ihr Leben in einen grösseren Zusammenhang gehört. Visionen helfen, die Anstrengungen der Menschen langfristig auf ein gemeinsames Ziel zu bündeln. In ihrer schönsten Ausprägung wirkt eine Vision als sich erfüllende Prophezeiung.

Eine Vision entwickelt am ehesten eine gereifte Führungsmannschaft, die schon die Entwicklung der Vision als fortlaufenden strategischen Lernprozess versteht. Im Idealfall werden die Mitarbeiter/innen breit einbezogen oder es werden zum Beispiel die besten Nachwuchsleute des Unternehmens beauftragt, Szenarien darzulegen und daraus eine Vision zu entwickeln.

Ich will nun noch etwas konkreter zeigen, was zur Visionsfindung und -umsetzung gehören kann.

Voraussetzungen, um eine Vision zu entwickeln sind:

- **Wahrnehmung**:

  Wir haben verlernt, zuzuhören und vorurteilslos wahrzunehmen. Ohne diese Wahrnehmungsfähigkeit können wir nicht zu den eigenen Werten, zur eigenen Kultur vordringen und wesentliche Entwicklungen spüren.

- **Innere Ruhe**:

  Eine Vision finden heisst, die innere Mitte finden. Das wird in einem Umfeld operativer Hektik schwerlich möglich sein.

- **In Bildern denken**:

  Vision kommt vom Wort "Sehen". Visualisieren heisst, Bilder sichtbar machen. Je konkreter die Vorstellung des Zieles, desto stärker die Kräfte, die dadurch geweckt werden. Visualisieren ist ein kreativer Prozess. Wenn wir gemeinsame Bilder entwickeln, entwickeln wir gemeinsame Gefühle. Die Vision gemeinsam malen, ein Bild der Unternehmung zeichnen, kann dazu beitragen.

- **Das Denken verändern**:

  Eine Vision entwickeln heisst, einen gewünschten Zustand gedanklich vorwegnehmen. Die Vision sollte so formuliert werden, als wäre man schon am Ziel. Nach Marc AUREL (römischer Kaiser) ist unser Leben das, wozu unsere Gedanken es machen. Nicht die Dinge sind positiv oder negativ. Unsere Einstellung macht sie so. Unsere Gedanken sind Energien. Sie können uns, aber auch andere, stärken oder schwächen. Wir sind deshalb verantwortlich für das, was wir denken. Was wir uns vorstellen, hat die Tendenz, sich zu verwirklichen.

  Eine Vision umsetzen heisst, Konsens suchen durch Einbezug aller, die richtigen Fragen stellen und die Antworten von unten hochkommen lassen. Eine Vision umsetzen heisst, sie vorleben. Sie durch symbolische Handlungen verankern, inszenieren, ständig davon reden, Aufmerksamkeit und Interesse immer wieder darauf richten. Je klarer die Vorstellung des Zieles ist, desto stärker werden die Kräfte, die dadurch geweckt werden. Daraus kann eine Strategie entwickelt und können Ziele für jeden einzelnen abgeleitet werden.

4.2 Die "weichen" Bausteine

4.2.1 Engagement des Managements

Wandel braucht ein Managementteam an der Spitze, das den Wandel will und vorlebt. Ohne das Engagement der oberen Führungskräfte geschieht nichts Entscheidendes. Der klare Veränderungswille von oben muss für alle spürbar sein.

Bezeichnenderweise gibt es wenig Beispiele grösserer Unternehmen, die von unten verändert wurden. Das heisst nicht, dass Wandel nicht auch von unten wachsen muss, er braucht aber unbedingt den **Sog von oben**. Erfolgreicher Wandel wird von oben **und** von unten getragen.

Die Führungskräfte sind als Promotoren und Impulsgeber im Wandel zentral. Jedes grössere Projekt des Wandels sollte einen Sponsor haben.

Wandel geschieht nicht in einem anonymen Prozess. Er wird von Menschen, die sich als Träger der Veränderung exponieren, getragen. Schon AUGUSTUS forderte: "In Dir muss brennen, was Du in andern entzünden willst." Wir können nicht verwirklichen, was wir nicht lieben.

Persönliche Identifikation und persönliches Engagement des obersten Managements bringen erst den Wandel zum Tragen. Solch persönliches Engagement kann bedeuten:

- sich als Träger der Veränderung exponieren
- einen entscheidenden Teil der Managementzeit dem Wandel widmen
- eine gemeinsame Sprache schaffen
- für die Mitarbeiter/innen sichtbar und hörbar sein
- die wichtigen Faktoren des Wandels systematisch beachten und betonen
- Optimismus, Ruhe und Zuversicht ausstrahlen
- Begeisterung wecken
- in kritischen Situationen Signale setzen
- aufgrund klarer Konzepte unternehmerisch handeln
- Wandel wenn immer möglich personifizieren
- die Exponenten des Wandels permanent aktiv unterstützen.

- **Übereinstimmende Massstäbe im Führungsteam**

Erst wenn sich die Führungsmannschaft auf ihre eigenen Wertmassstäbe besinnt und sich selbst als Teil des Veränderungsprozesses miteinbezieht, ist ein tragfähiges Fundament für den bevorstehenden Wandel gegeben. Dann kann das Management nachhaltig und motivierend Einfluss nehmen.

Tiefgreifender Wandel braucht einen weitgehenden Konsens im Management. Das ganze Führungsteam muss die grundlegenden Werte mittragen. Bevor das oberste Kader ein gemeinsames Verständnis über Notwendigkeit und Prozess des Wandels gewonnen hat, lohnt es sich in der Regel nicht, tiefgreifenden Wandel in Angriff zu nehmen. Unterschiedliche Wertmassstäbe und Umsetzungsvorstellungen sind auszudiskutieren, wenn sie sich nicht später als Bumerang erweisen sollen.

Erfolgreicher Wandel geht von kleinen Gruppen von Menschen aus, die sich verstehen und zwischen denen es so etwas wie eine stillschweigende Übereinstimmung gibt. Eine solche Führungsmannschaft braucht:

- Engagement
- eine langfristige Sicht der Dinge
- ganzheitliches, kreatives Denken
- Ausdauer und Beharrlichkeit, aber auch
- Gefühl und Intuition.

Der erste Schritt ist entscheidend. Hat sich das Management erst einmal darauf eingelassen, entsteht eine Eigendynamik.

- **Sich selbst erkennen und entwickeln**

"Nur wenige Führungskräfte sehen ein, dass sie letztlich nur eine Person führen müssen, nämlich sich selbst" (P.F. DRUCKER). Führung hat viel mit Selbsterkenntnis und Selbstentwicklung zu tun.

Am einfachsten und wirksamsten ist es, bei sich selber anzufangen. Wir können nichts verändern, ohne uns selber zu wandeln.

Selbsterkenntnis bildet die Grundlage jeder Veränderung. Verhalten kann nicht gelernt werden, aber man kann sich selber kennenlernen. Die Bereitschaft, sich selbst in Frage zu stellen, steht am Anfang jedes Wandels. Jeder muss sich selber fragen, was seine Stärken und Schwächen sind und was er in einer Situation des Wandels einbringen kann.

Offenheit gegenüber dem Neuen sollte für jeden selbstverständlich sein. Menschen, die sich mit andern Menschen und Kulturen beschäftigen und auch immer wieder Ungewohntes tun, haben in Situationen des Wandels mehr Handlungsalternativen zur Verfügung.

Schliesslich geben Selbsterkenntnis, Selbstkritik und Selbstakzeptanz Sicherheit und Kraft.

- **Vorbild**

"Um die Welt zu ändern, muss der Gedanke zuerst den Menschen ändern, der ihn denkt; er muss sich in ein Beispiel verwandeln" (A. CAMUS).

Taten reden lauter als Worte. Wahr ist nicht, was gesagt, sondern was getan wird. Wichtig ist nicht, was in den Führungsrichtlinien steht, sondern wie sich die Geschäftsleitung im Alltag verhält. Alles Geschriebene ist relativ unwichtig verglichen mit dem, was durch Verhalten ausgedrückt wird. Wichtiger als das Papier oder die schöne Rede sind die Signale, die das Management gerade in Zeiten des Wandels durch ihr Verhalten aussendet.

Das Verhalten der Führungskräfte spiegelt sich in ihren Mitarbeitern/innen. Die Art und Weise, wie im betrieblichen Alltag Probleme gelöst werden, strahlt aus. So werden selbst Wortwahl, Tonfall oder Argumentationsweisen von den Mitarbeitern/innen als Signale wahrgenommen. Was wir beachten, betonen, kontrollieren, hat den Charakter von Botschaften. Emotionale Reaktion oder Verhalten in Krisensituationen vermitteln das Führungsverständnis des Managements besonders nachhaltig. Worte und Handlungen müssen übereinstimmen. Gewisse Aufgaben können in Zeiten des Wandels nicht delegiert werden.

Vorbild sein, findet seinen Ausdruck in einem Verhalten, das zur Person passt (Kongruenz). Verhalten ist dann kongruent, wenn es der Persönlichkeit entspricht, wenn es berechenbar ist. Vorbildliches Verhalten geht mit einer hohen persönlichkeitsbezogenen Kompetenz einher. Es drückt sich weniger in Worten als in einem vorbildlichen Tun aus, zum Beispiel indem oben mehr gespart wird als unten. Zum Vorbild gehört auch die Grösse, Fehler eingestehen zu können und auch andere Meinungen sowie Kritik zuzulassen.

Vorbild schafft Vertrauen.

4.2.2 Breiter Einbezug der Mitarbeiter/innen

4.2.2.1 Widerstände wahrnehmen und abbauen

- **Widerstand gegenüber dem Wandel ist normal.** Wandel richtet sich gegen das menschliche Bedürfnis nach Sicherheit. Wandel kann Angst und Widerstand auslösen. In Anlehnung an *Kapitel 3.2* sind die Ängste vielfältig:
  - Angst vor dem Unbekannten, dem Neuen
  - Angst vor unwägbaren Risiken (für das Neue fehlt uns die Erfahrung)
  - Angst, an die eigenen Grenzen zu stossen, Fehler zu machen, nicht zu genügen
  - Angst vor Verlust von Besitzstand oder Macht
  - Angst vor neuen sozialen Beziehungen
  - Angst vor Autonomieverlust.
- **Widerstand ist ein Signal, das es sich lohnt wahrzunehmen.**
- **Widerstand und Angst sollten sensibel wahrgenommen werden.**
- **Ängste und Widerstände sollten ernst genommen werden.** Nur wer die Gefühle und oft unbewussten Ängste der Mitarbeiter/innen wahrnimmt und ernst zu nehmen imstande ist, kann sinnvolle Wege finden, sie zu zerstreuen. Man muss die Mitarbeiter/innen da abholen, wo sie stehen, sich für sie interessieren, fragen, sie zum Sprechen bringen, zuhören, Widerstände herausspüren. Das Bemühen, sich die unterschiedlichen Sichtweisen immer wieder bewusst zu machen, könnte eine grosse Anzahl von Konflikten entschärfen. Wahrnehmen heisst, auf die gleiche Wellenlänge gehen, sich auf andere einlassen, auf sie eingehen. Wahrnehmen setzt die Bereitschaft voraus, andere Meinungen anzuhören und ernst zu nehmen, Vorurteile abzubauen und eigene Erwartungen zurückzustellen. Die Kunst liegt darin, den Bogen zu schlagen zu dem, was Wandel für den einzelnen bedeutet und zu versuchen, die Denkweisen des Partners zu verstehen und nachzuvollziehen. Zuwendung bringt Zuwendung.

Mit dem Fragebogen zum Wandel (siehe *Kapitel 5.1.3*) kann die generelle Bereitschaft zu betrieblichem Wandel ermittelt und das Kraftfeld der hindernden und hemmenden Kräfte bildhaft dargestellt werden.

- **Förderndes stützen**

Wenn man Ängste und Widerstände einmal wahrgenommen hat, kann man versuchen, die fördernden Kräfte zu stärken und die hemmenden abzubauen.

Das **Fördernde** kann **verstärkt** werden durch:

- Anerkennung
- Erfolgserlebnisse
- Coaching, Unterstützung, Vermitteln von Sicherheit
- positives Denken, positive Gefühle wecken positive Kräfte
- Belohnung.

- **Ängste/Widerstände im Gespräch abbauen**

Wandel beinhaltet immer ein Stück Trauerarbeit. Erst wenn wir von der Vergangenheit Abschied genommen und die Trauer positiv verarbeitet haben, sind wir frei für das Neue. Wenn wir die verschiedenen Phasen der Trauerarbeit verfolgen, verläuft die Kurve nicht geradlinig, sondern vielfach gewunden von Schock über Flucht bis zur bewussten Annahme. Die Kenntnis dieser Prozesse kann mithelfen, den Wandel zu verarbeiten (siehe *Abbildung 9*).

In den ersten Phasen ist gar nicht viel mehr möglich als menschliche Anteilnahme, Verständnis, Angstgefühle abbauen, aber sicher keine gutgemeinten Ratschläge. Erst später wird es möglich, Wünsche zu erfragen, positive Ansätze zu ergreifen und langsam in einen Dialog zu treten und neue Sichtweisen zu unterstützen.

Abbildung 9: Trauerprozesse

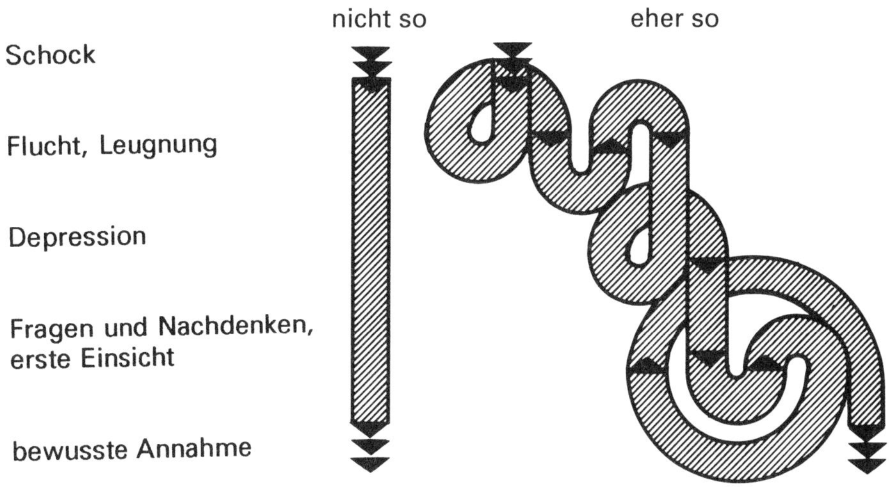

(nach E. KÜBLER-ROSS)

Wenn es gelingt, im Dialog Angst in Vertrauen umzuwandeln, ist ein wichtiger Schritt im Wandel vollzogen.

Angst kann durch rechtzeitige und offene Information abgebaut werden, indem Gründe und Hintergründe dargelegt oder falsche Vorstellungen richtiggestellt werden. Wandel braucht Argumente, warum es sich lohnt, sich einzusetzen. Wenn es gelingt, aus Problemen Wünsche zu machen, ist vielfach der entscheidende Schritt getan. Neue Daten über die Notwendigkeit der Veränderung können Einsicht wecken, mindestens wenn sie nicht zu bedrohlich wirken.

Die Widerstände sind kleiner, wenn Gründe dargelegt und ein gemeinsames Verständnis und Einverständnis gesucht wird. Die Attraktivität des Wandels ist möglichst individuell aufzuzeigen.

Ängste sollten bewusst gemacht und angesprochen werden. Erfolgreiches Bewältigen kleiner Schritte fördert das Selbstvertrauen als Grundlage der Veränderung. Das Gute im Alten muss in den Wandel eingebaut werden.

> Bisher wurde nicht etwa alles falsch gemacht, sondern die Umwelt hat sich gewandelt. Es braucht Kontinuität, um den Mitarbeitern/innen zu helfen, ihre eigene Brücke von der Vergangenheit in die Zukunft zu bauen.
>
> Mitarbeiter/innen sind gerade im Wandel auf einen Vertrauensvorschuss angewiesen. "Wer die Menschen behandelt wie sie sind, macht sie schlechter. Wer sie aber behandelt wie sie sein könnten, macht sie besser" (J.W. GOETHE).
>
> Es braucht einen angstfreien Raum, in dem es möglich ist, offen und partnerschaftlich über Schwierigkeiten zu diskutieren.

Manchmal genügt es, wenn alle ihre grössten Befürchtungen aufschreiben und sie dann gemeinsam symbolisch verbrennen.

4.2.2.2 Den ständigen Dialog suchen

Beobachtungen und Befragungen im Unternehmen zeigen, dass Information, Kommunikation und Dialog häufig zu den grössten Schwachstellen in Unternehmen zählen. In Situationen des Wandels wäre eine offene Information und Kommunikation besonders bedeutsam. Viele Unternehmen sind aber gerade dann besonders zurückhaltend. Sie sind sich der Bedeutung der Kommunikation zuwenig bewusst. Dass jede Kommunikation auf der Sach- **und** auf der Beziehungsebene fliesst und der weit überwiegende Teil der Information über das informelle Netzwerk läuft, haben viele Vorgesetzte nur intellektuell begriffen.

Der Zeitaufwand für das Gespräch in der Entwicklungsphase wird durch den Zeitgewinn in der Umsetzungsphase mehr als wettgemacht.

Im folgenden unterscheide ich drei Stufen des Dialoges nach innen, nämlich **Information, Kommunikation und Dialog** (siehe *Abbildung 10*).

Während Information in der Regel einseitig und primär auf der Sachebene erfolgt, handelt es sich bei der Kommunikation gewöhnlich um einen zweiseitigen Austausch mit Rückkoppelung. Die höchste Stufe des Dialoges schliesslich beruht auf Gleichheit der Partner und bezieht die zwischenmenschlichen Beziehungen mit ein.

Abbildung 10: Stufen des Dialoges

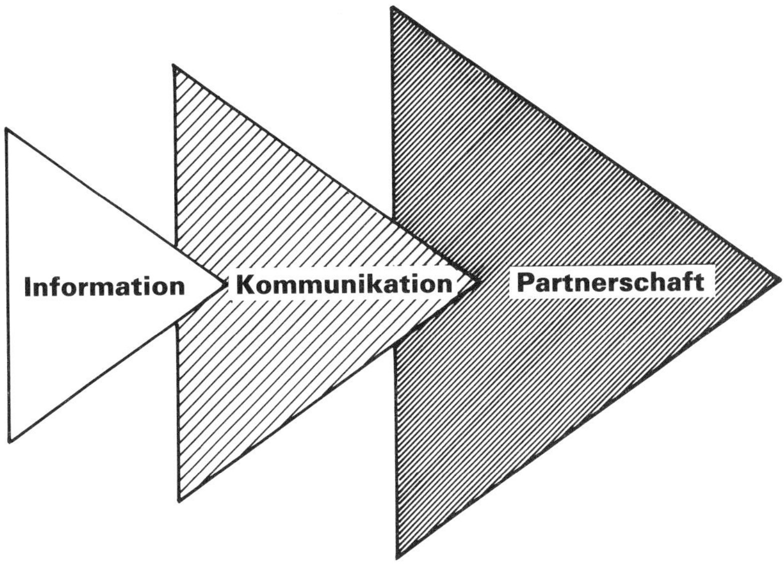

Information sollte offen und ehrlich, regelmässig, prägnant und verständlich sein. Die Hauptbotschaften sollten auf den wesentlichen Kern reduziert werden. Es hat sich bewährt, sofort auch über das Unangenehme zu informieren. Mündliche Information ist der schriftlichen vorzuziehen. Möglichst viele Informationskanäle (auch informelle) sollen genützt werden. Die Führungskräfte dürfen sich nicht scheuen, ihre Ideen aktiv an der Front zu verkaufen. Es ist sicherzustellen, dass alle Mitarbeiter die Signale der Entwicklung frühzeitig erkennen. Wichtiges ist bewusst und mit immer neuen Bildern zu wiederholen. Besonders stark bleiben Informationen ausserhalb der normalen Kommunikationskanäle haften.

Beispiele zur Information:

- eine Informationsoffensive eröffnen
- ein klares Informationskonzept erstellen
- keine Informationsmonopole dulden
- Auskunftsstelle für Fragen im Zusammenhang mit dem Wandel
- "Direkter Draht", der es erlaubt, Geschäftsleitungsmitglieder direkt anzusprechen
- Video mit wichtigsten Botschaften des Wandels
- Briefe der Geschäftsleitung, die Zusammenhänge aufzeigen
- News/Spots/Telegramme für schnelle Information
- gute Beispiele finden und exemplarisch hervorheben.

Echte **Kommunikation** setzt Akzeptanz, Zuhörenkönnen und echtes Interesse voraus. Wandel wird primär emotional erlebt. Erfolgreiche Manager des Wandels sprechen öfter über ihre eigenen Gefühle. Echte Kommunikation verlangt, dass die Ziele in einem kontinuierlichen Prozess verdeutlicht und auch hinterfragt werden.

Beispiele für Kommunikation:

- Fragestunde der Geschäftsleitung
- Open-door-Program unter Umgehung der Hierarchie
- Schaffen von räumlichen Voraussetzungen (Kombi-Büro, Begegnungsorte usw.)
- Präsenz der Geschäftsleitung in der Unternehmung
- Feedback auf vielfältige Art begünstigen
- Anekdoten verbreiten, jede Woche eine neue Geschichte in Umlauf setzen, die Exemplarisches aufzeigt
- bildhaft kommunizieren
- keine Gerüchte dulden
- besondere Leistungen herausstellen
- Forum als Kommunikationszentrum: Die Herberts GmbH, ein deutsches Lackunternehmen, hat ein Forum als Experimentierwerkstatt für Kommunikation errichtet. Im Kommunikationszentrum treffen sich jeden Tag Mitarbeiter/innen, um gemeinsam vielfältige Tagesprobleme zu lösen und Zukunftsfragen zu erörtern. Das Kommunikationsforum hat dazu beigetragen, Hierarchieunterschiede abzubauen, Prozesse besser zu verstehen und die Unternehmenskultur weiterzuentwickeln
- Reflecting-Teams: Während eine Gruppe an einer Frage des Wandels arbeitet, beobachtet eine Gruppe die Diskussion aus der Aussenperspektive und gibt Feedback
- Informationsnetzwerke: Informationsflüsse müssen horizontal und diagonal verlaufen. Hilfreich sind sogenannte "Türöffner", die als Kommunikatoren im Informationsnetzwerk zwischen den Bereichen die informellen Kommunikationsmöglichkeiten fördern.

  Die Deutsche Aerospace hat eine ganze Reihe von Kommunikationsprogrammen entwickelt, die diagonal, hierarchieübergreifend und zusätzlich zur normalen Kommunikation eingesetzt werden, nämlich:

  · den strategischen Dialog des Vorstandes mit oberen Führungskräften über Schlüsselthemen,

  · Antworten aus erster Hand, einen Dialog von mittleren Führungskräften mit einem Vorstandsmitglied über zentrale Fragen der Unternehmensentwicklung,

  · direkt zur Sache, ein Dialog mit einer oberen Führungskraft zu spezifischen Themen mit zehn bis dreissig Teilnehmern,

  · Nachwuchskräfte-Tag, ein konzernübergreifender Erfahrungsaustausch mit Vorstandsmitgliedern.

Den ständigen **Dialog** und Konsens suchen:

Wandel braucht intensive argumentative Auseinandersetzung. Wir müssen mehr beteiligen statt anordnen, mehr Dialog statt Bevormundung suchen, und zwar in der Entwicklungs- wie in der Umsetzungsphase. Viele Führungskräfte haben den direkten Kontakt zur Basis verloren. Für die Früherkennung von Problemen ist aber gerade dieser Dialog entscheidend. 80 Prozent der Führungskräfte glauben von sich selbst, dass sie kooperativ sind, aber nur 40 Prozent der Mitarbeiter/innen bestätigen das. Führung im Wandel wird viel partnerschaftlicher und stärker auf Konsens ausgerichtet sein müssen. Hierarchische Strukturen verlieren zugunsten informeller, partnerschaftlicher Beziehungen an Bedeutung. Konsens heisst, so lange diskutieren, bis alle dahinterstehen. Der Dialog kann allerdings viel Zeit kosten und setzt intelligente und informierte Mitarbeiter/innen voraus. Wenn diese Voraussetzungen gegeben sind, hat ein möglichst weitgehender Einbezug entscheidende Vorteile, zum Beispiel Motivation, Qualität der Entscheide, Schnelligkeit der Umsetzung, Vertrauen.

Die Gründe für den Einbezug der Betroffenen sind schon oft genannt worden: Die eigentlichen Experten/innen sind in der Regel diejenigen, die die Aufgabe in der Praxis durchführen. Dieses Erfahrungs- und Kreativitätspotential wird immer noch unterschätzt.

Aktiver Einbezug bei der Lösung unternehmerischer Probleme fördert die Eigeninitiative. Eine Möglichkeit ist beispielsweise, dass mit allen Mitarbeitern/innen ein konkretes Ziel im Zusammenhang mit dem Wandel vereinbart wird.

4.2.2.3 Veränderungsmentalität fördern

Wahrscheinlich ist es nicht übertrieben zu behaupten, die Lernbereitschaft der Mitarbeiter werde zunehmend zu einer entscheidenden strategischen Erfolgsposition. Die Frage muss lauten, wie die Lust auf Veränderung geweckt werden kann.

Die Einstellung gegenüber dem Wandel kann vor allem beeinflusst werden, wenn es gelingt, die Mitarbeiter/innen von der Notwendigkeit des Wandels zu überzeugen, ihnen die Attraktivität des Wandels aufzuzeigen und sie ebenso mit klaren Erwartungen zu konfrontieren wie für eine positive Einstellung zum Wandel zu gewinnen.

- **Notwendigkeit klarmachen**:

  Bei jedem einzelnen ist das Bewusstsein zu schulen, dass sich etwas ändern muss. Das kann heissen, sich mit der Zukunft auseinanderzusetzen, den Leidensdruck spürbar zu machen und mit provozierenden Fragen Spannung zu erzeugen. Das Bewusstsein neuer Daten über das Unternehmen und die Zukunft kann einen Mentalitätswandel auslösen, soweit diese Daten nicht zu bedrohlich und damit lähmend wirken. Dazu können zum Beispiel beitragen:

  - neue Daten über das Unternehmen. Fakten offen auf den Tisch legen und jedem einzelnen die Möglichkeit zu einer eigenen Situationsbeurteilung geben
  - Befragungen (Kunden-, Mitarbeiterbefragungen) können helfen, die Veränderungsnotwendigkeit deutlich zu machen; es entsteht eine objektive Grundlage des Dialoges; Dinge werden diskutierbar und die Mitarbeiter für den Wandel und neue Themen sensibilisiert
  - Prognosen über zukünftige Entwicklungen, Expertenmeinungen
  - Zukunftsszenarien
  - externe Referenten mit neuen Sichtweisen einladen
  - sich mit den besten Konkurrenten vergleichen (Benchmarking); Kommunikation mit andern Unternehmenskulturen als Chance nutzen
  - Informationen zum Thema gezielt sammeln und verbreiten
  - konsequente Überzeugungsarbeit, Ideen an der Front verkaufen.

Ohne Betroffenheit kein Wandel. Wandel wird nur ausgelöst, wenn alle die Veränderung als ihr eigenes Problem betrachten. Dazu braucht es einen spürbaren Änderungsdruck. Diese Spannung wird sichtbar, wenn

Gegensätze artikuliert und Ungleichgewichte verdeutlicht werden. Alles Kreative kommt aus Spannungen. Spannungsfelder sind Energiefelder. Die meisten Manager sind Optimierer. Manager/innen des Wandels schaffen Ungleichgewichte.

Manchmal braucht es Überbetonung, damit sich etwas ändert und auch "heilige Kühe" geschlachtet werden. Lernprozesse werden wirksam durch eine gewisse Provokation ausgelöst. Bezeichnenderweise kann in chaotischen Phasen besonders gut gelernt werden. Wenn kein Druck spürbar ist, besteht die Tendenz, selbstzufrieden am Bestehenden festzuhalten. Das Dilemma ist dasjenige des Frühwarners. Wenn er dramatisiert, löst er Widerstand aus. Wenn er seriös bleibt, gibt es keine Reaktion.

- **Attraktivität des Wandels aufzeigen**:

Die meisten Menschen sind bereit dazuzulernen, wenn ihnen jemand zeigt, dass sie durch das Neue gewinnen können. Deshalb sind die Attraktivität, die Vorteile und Chancen sowie das langfristige Interesse jedes einzelnen und des Unternehmens am Wandel herauszustellen. Je besser Sinn und Erfolgswahrscheinlichkeit dargetan werden können, desto höher ist die Motivation zum Wandel.

Manchmal geht es auch nur darum, klarzustellen, dass wer festhält, verliert, und dass die Freiräume wesentlich grösser sind, wenn der Wandel frühzeitig angegangen wird.

- **Die Mitarbeiter mit klaren Erwartungen konfrontieren**:
- **Die Machbarkeit aufzeigen**:

Wenn es den Mitarbeitern an Selbstvertrauen mangelt, kann es hilfreich sein, ihnen einen "festen Boden unter die Füsse" zu geben und die Machbarkeit des ersten Schrittes aufzuzeigen.

- **Eine positive Einstellung zum Wandel finden**:

Das "Wollen" der Mitarbeiter/innen kann durch äussere Anreize (Belohnungen usw.) geweckt werden. Weit wirksamer sind jedoch innere Anreize.

Ein Unternehmen, das sich in einer Krise befindet, kann relativ schnell "umgedreht" werden, wenn es gelingt, die Denkweise zu ändern und eine

Aufbruchstimmung zu erzeugen. Dazu kann ein gemeinsam erarbeitetes Verständnis beitragen, Aufbruchstimmung zu erzeugen und die Mitarbeiter/innen für den Wandel zu gewinnen. Rein rationale Argumente bringen oft wenig. Entscheidend ist, dass neues Denken ausgelöst wird. Das kann beispielsweise durch kreatives Experimentieren oder "dumme" Fragen geschehen. Oft genügt es, etwas in einen anderen Zusammenhang/Rahmen zu stellen (Reframing), das heisst einen Rahmen durch einen andern zu ersetzen. Bilder erleichtern neues Denken. Das Verpflichtende kann vielleicht auch durch einen Vertrag, den alle unterschreiben, unterstrichen werden.

Es gibt verschiedene Fragen, die anregen können, umzudenken und den Mitarbeitern/innen helfen, etwas aus neuer Sicht wahrzunehmen. Der einfachste und wirksamste Weg dürfte aber darin bestehen, aus Problemen Wünsche zu machen und immer wieder zu fragen: Wie hätten Sie es gern? Wie wäre es, wenn wir schon am Ziel wären? Was müsste man tun, um da hinzukommen? Wenn jemand wirklich will, hat er schon den wichtigsten Teil geleistet. Der Rest ist konsequente Umsetzung. Wenn die Wahrnehmung verändert ist, wird die Bedrohung zur Chance. Was wir denken, hat die Tendenz, sich zu verwirklichen. Leistungsgrenzen liegen nicht in der Natur der Sache, sondern lediglich in der Natur des Geistes. Diese Erkenntnis macht sich insbesondere das mentale Management zunutze, indem es zu positivem Denken und Formulieren anregt. Negative Gedanken werden in positive umgedreht. Das Resultat wird im Geist vorweggenommen. Man stellt sich vor, man sei bereits am Ziel. Oft genügt es, die inneren Bilder farbiger und kontrastreicher zu gestalten, positive Erinnerungen zu reaktivieren, Hinderndes bewusst loszulassen oder im Umgang mit Entspannungstechniken oder Autosuggestion auf Veränderungen geistig vorzubereiten.

4.2.3 Transferierende Führung

Führen heisst Wandel bewältigen. Die Qualität der Führung wird zunehmend zum entscheidenden Faktor. Anspruchsvolle Mitarbeiter/innen wollen möglichst wenig geführt werden. Die Turbulenz zwingt aber zu starker Führung. Wie diese Gegensätze zwischen den Forderungen nach Flexibilität und Selbstentfaltung einerseits und nach mehr Ordnung/Führung andererseits zusammengebracht werden können, hat H.A. WÜTHRICH eindrücklich dargestellt. Die Lösung liegt darin, klare Werte im Sinne von Leitplanken vorzugeben, die aber möglichst weiten Spielraum für flexible Lösungen und eigenverantwortliches Handeln lassen (siehe *Abbildung 11*).

Abbildung 11: Freiraum innerhalb weiter Leitplanken

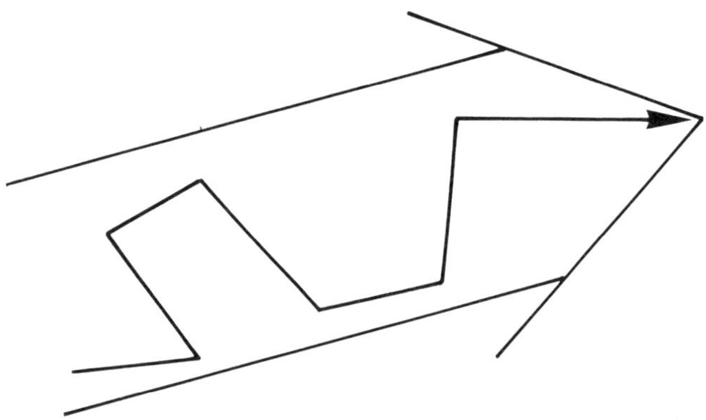

Eine solche Führung setzt ein Menschenbild voraus, das die Mitarbeiter/innen grundsätzlich als engagiert und leistungsbereit auffasst. Die Führungskraft versteht sich nicht mehr als "Macher" vor den Mitarbeitern/innen, sondern als "Coach" hinter den Mitarbeitern/innen.

Führung entwickelt sich wie folgt (siehe *Abbildung 12*):

Fachliche Führung genügt nicht mehr. Soziale Kompetenz sowie Entwickeln und Fördern der Mitarbeiter/innen werden zur zentralen Aufgabe der Vorgesetzten.

Abbildung 12: Entwicklung der Führung

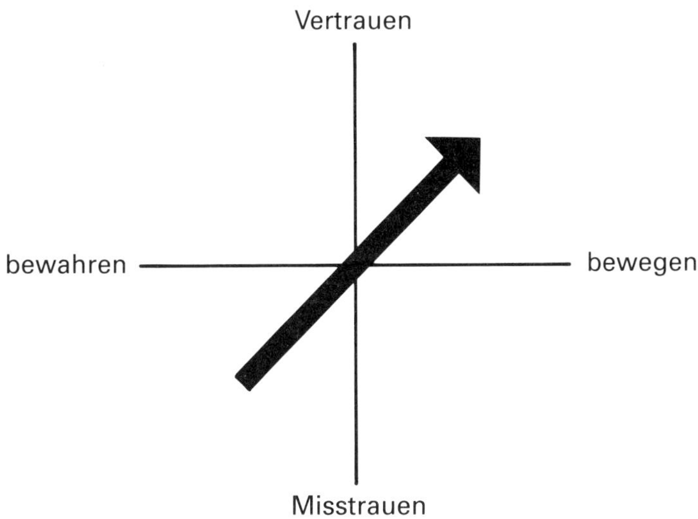

4.2.3.1 Freiraum geben

Lernen geschieht durch Handlungen, durch das Erlebnis von Erfolg und Misserfolg.

Wenn wir uns vergegenwärtigen, wie Menschen lernen, kann dies rational, über den Kopf geschehen, oder durch try and error, also Handeln. Die eigene Erfahrung durch Handeln wird wahrscheinlich unterschätzt. Einsicht allein ist gewöhnlich kein ausreichendes Motiv für Veränderung.

Die Möglichkeit, widersprüchliche Erfahrung zu machen, ist eine Grundbedingung des Wandels.

Entwicklung geschieht in der direkten Auseinandersetzung mit konkreten Problemen. "Don't plan it, do it." Handeln führt häufiger zu Bewusstseinsänderung als umgekehrt. Manchmal muss man Mitarbeiter/innen veranlassen, Neues auszuprobieren, damit sie dann aufgrund ihrer Erfahrung bereit sind, ihre innere Haltung zu ändern. "Wenn man den Geschmack der Birne erfahren will, muss man sie essen" (Mao).

Wandel setzt wie Leistung Können (Potential), Wollen (Motivation) und Dürfen (Erlaubnis) voraus (siehe *Abbildung 13*). Das Können bekommt durch das Wollen und das Dürfen je eine neue Dimension. Der Beitrag des Vorgesetzten liegt primär im Zulassen als Voraussetzung des Wollens.

Abbildung 13: Können - Wollen - Dürfen

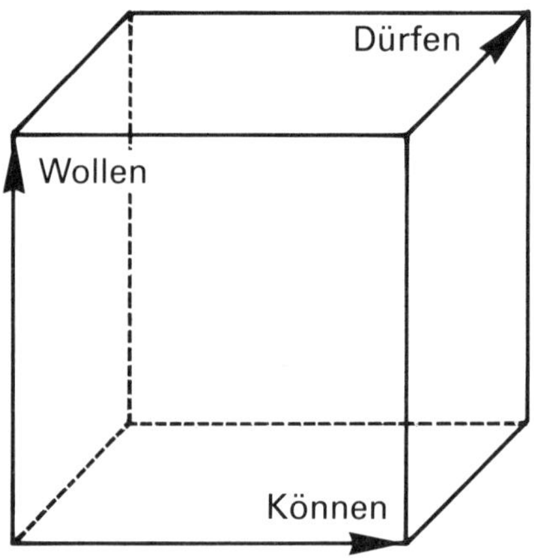

Lernen durch Handlungen setzt voraus, dass man handeln und damit Erfahrungen sammeln darf.

Freiraum geben, Experimente ermöglichen, schwierige Aufgaben übertragen, verlangt Vertrauen. **Vertrauen** ist die Vorbedingung, damit Mitarbeiter/innen wagen, Neuland zu betreten.

Die Vorleistung des Vorgesetzten besteht darin, den Mitarbeitern/innen einen Vertrauensvorschuss zu geben, ihnen Sicherheit zu vermitteln und sie nötigenfalls abzuschirmen. Nur derjenige kann einem andern vertrauen, der sich selbst vertraut und die nötige Souveränität, Gelassenheit und Geduld hat. Vertrauen gründet im Selbstvertrauen des/der Vorgesetzten.

Ein konkreter Ansatz kann die Einführung des Grundsatzes "Was nicht verboten ist, ist erlaubt" darstellen.

An die Entwicklungsfähigkeit glauben.

"Wenn wir die Menschen sehen, wie sie sind, machen wir sie schlechter, wenn wir sie behandeln als wären sie, was sie sein sollten, bringen wir sie dahin, wohin sie zu bringen sind" (nach GOETHE).

Ein Vertrauensvorschuss löst eine positive Spirale aus. Der Mensch hat, wie eine Pflanze, unendlich viele schlafende Augen, die geweckt werden können. In der Selbstmotivation liegen wirksame Kraftfelder und Energien. Das Geheimnis liegt darin, den Mitarbeitern/innen mehr Eigeninitiative zuzugestehen und gleichzeitig auch mehr Eigeninitiative von ihnen zu verlangen.

- **Spielraum geben**

  In turbulenten Zeiten ist eine starre Führung von oben nach unten oft zu langsam. Es sind also Rahmenbedingungen zu schaffen, die die Mitarbeiter/innen anregen, Neues auszuprobieren. Zu oft werden Nachwuchsleuten die Flügel gestutzt. Später ist man erstaunt, dass sie nicht mehr fliegen können.

  Der Freiraum ist die Quelle des Spasses an der Arbeit. Höchstleistungen werden primär in Situationen von Freiheit und Herausforderung erbracht. Handlungsspielraum geben heisst, die Aufgaben und den Entscheidungsspielraum im Rahmen der Leitplanken vergrössern und auf überflüssige Vorschriften und Richtlinien verzichten (siehe *Abbildung 14*).

  Innerhalb eines weiten Bandes haben alle Freiraum und Kompetenzen. Rückdelegation ist nicht erlaubt.

Abbildung 14: Aufgaben- und Entscheidungsspielraum

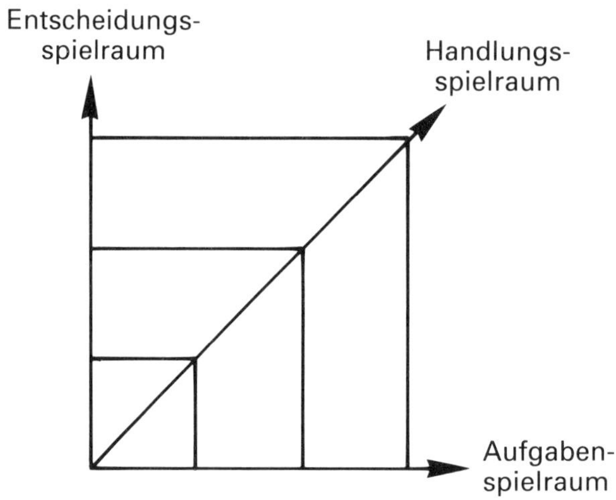

Praktische Ansätze sind beispielsweise:

- wenig einengende, starre Pflichtenhefte und "Abteilungsdenken"
- Freiräume, Kompetenzen geben, möglichst weitgehende Delegation von Entscheidungen. Prinzip der Subsidiarität: Verantwortung soll an der tiefstmöglichen Stelle wahrgenommen werden
- Toleranz gegenüber Fehlern. Von P. BARNEWICK (ABB) stammt der Ausspruch: "Es dürfen Fehler gemacht werden, aber es ist nicht erlaubt, dass ihr passiv seid." Fehler müssen gestattet sein, weil sie eine der wichtigsten Lernmöglichkeiten darstellen. In der Praxis liegt der Widerspruch oft darin, dass zwar Experimente gefordert, aber Fehler bestraft werden
- kurze Entscheidungswege
- herausforderndes, weites Aufgabenfeld; ganzheitliche Aufgaben; Denken und Tun, Planung und Durchführung in einer Hand
- Querdenker tolerieren, keine Killerphrasen ("Das war schon immer so" usw.)
- Möglichkeiten für lebenslanges Lernen zur Qualifizierung der Mitarbeiter/innen aufbauen.

4.2.3.2 Experimentieren

In turbulenten Zeiten gewinnt das experimentelle Management an Bedeutung. Turnaround-Management heisst gemäss H. LIPPUNER von Ciba Geigy, die Einstellung der Mitarbeiter und der Führungskräfte verbessern. "Wir wollen die Bereitschaft wecken, etwas anders zu sehen, vertraute Arbeitsweisen aufzugeben und sich mit Neuem zu befreunden".

Wandel braucht ein Umfeld, das Experimente zulässt und dazu ermutigt.

Experimentieren heisst, aus der Box der Gewohnheiten heraustreten, ungeduldig ausprobieren, rasch aus Fehlern lernen und das, was sich bewährt, multiplizieren (siehe *Abbildung 15*).

Abbildung 15: Experimentieren

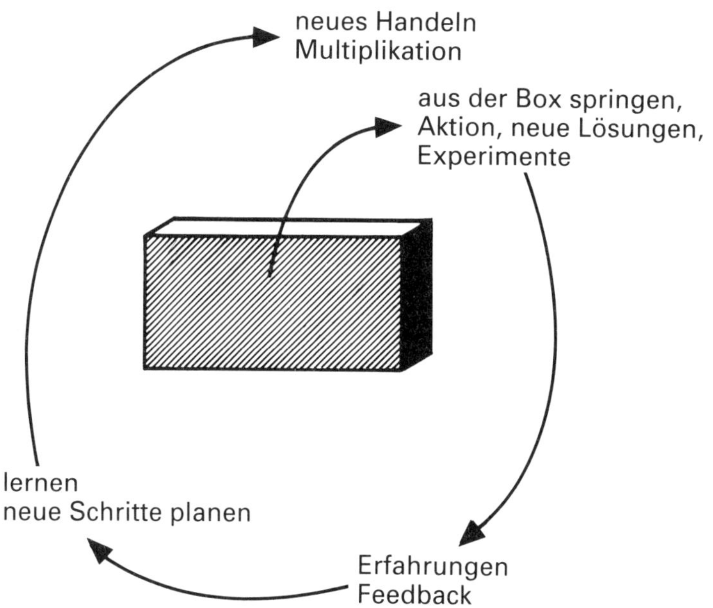

Das lernende Unternehmen erleichtert und belohnt Grenzüberschreitungen oder bestraft sie zumindest nicht.

Ansätze zu experimentellem Denken können sein:

- bewusst Ungewohntes tun; etwas demonstrativ anders angehen; die "Brille" wechseln
- Querdenker, Hofnarren fördern
- Advocatus Diaboli bezeichnen
- gegenteiligen Standpunkt einnehmen
- Gedankenexperimente
- "Spinnerklub" gründen
- Mitarbeiter/innen immer wieder mit neuen Aufgaben konfrontieren
- generell Flexibilität fördern
- auch nicht offizielle Projekte unterstützen (bei 3M soll jeder Mitarbeiter 15 Prozent seiner Zeit für Verbesserungen einsetzen)
- Mitarbeitern/innen ermöglichen, zu einem gewissen Prozentsatz für Dritte tätig zu sein
- Out-door-Programme, die der Auseinandersetzung mit Neuem, Ungewohntem dienen.

- **Ermutigung (Empowerment), Selbstmotivation**:

  Selbstmotivation heisst, aus eigenem Antrieb handeln. Nach der Theorie X und Y von MCGREGOR kann die Selbstmotivation durch eine Verbesserung der Arbeitssituation (Aufgabe, Spielraum, Führung, Team, Klima, Kultur) gesteigert werden.

  Fastnachtsvereinigungen sind Musterbeispiele für effiziente Selbstorganisationen. Untersuchungen zeigen, dass in Fastnachtsvereinigungen die Arbeitsintensität ein Mehrfaches der Berufsarbeit erreicht. Wenn man fragt, woran das liegen mag, fällt auf, dass sich Mitglieder dieser Vereinigungen in aller Regel für den Erfolg ihrer Vereinigung persönlich verantwortlich fühlen. Die Initiative des Einzelnen wird kaum je beschnitten. Es gibt keine Instanzenwege, sondern nur eine sehr informelle Hierarchie, die meist durch Können bestimmt wird. Dennoch herrscht innerhalb der Vereinigung ein elitäres "Wir-Gefühl" und ein ausgesprochenes Wettbewerbsdenken gegenüber andern Gruppen.

Je turbulenter die Zeit, desto aussichtsloser wird eine zentrale Planung. In Zeiten des Wandels gilt es deshalb, die Kräfte der Selbstorganisation und Selbstentwicklung zu wecken, das heisst den Mitarbeitern/innen die Autonomie zu geben, um selbständig ihre Ziele zu erreichen. Daraus resultiert auch grösseres inneres und äusseres Engagement.

Ch. HANDY spricht von E-Faktoren. Das sind alles Faktoren, die Energien, das heisst Emotionen, Enthusiasmus, Einsatz, Engagement erzeugen.

Zur Ermutigung können beitragen:

- Verzicht auf detaillierte Vorschriften und enge Pflichtenhefte
- Delegation von Aufgaben und Kompetenzen
- Beteiligung an Entscheidungen
- Hilfe zur Selbsthilfe
- entsprechende Weiterbildung
- konstruktive Kritik
- Belohnung von Eigeninitiative und Eigendynamik.

"IBM Schweiz" hat im Rahmen der laufenden "Transformation" eine Kultur angekündigt, die auf grosse Selbständigkeit und Verantwortung jedes einzelnen beruht. Hierarchische Stufen werden abgebaut, die Kontrollspanne, das heisst die Anzahl von Arbeitsplätzen, die unter einheitlicher Leitung zusammengefasst sind, erweitert und die Delegation von Kompetenzen vorangetrieben. Jede Mitarbeiterin und jeder Mitarbeiter ist für den eigenen Aufgabenbereich unterschriftsberechtigt.

Selbstmotivation entsteht durch Handlungsspielräume, eine lockere Arbeitsatmosphäre sowie eine fordernde und fördernde Führung.

4.2.3.3 Coaching

Von Coaching wird heute in sehr unterschiedlichem Zusammenhang gesprochen. Je nach dem, wer als Coach tätig wird und um was für eine Coaching-Situation es sich handelt, können verschiedene Arten von Coaching unterschieden werden (siehe *Abbildung 16*).

Abbildung 16: Formen des Coaching

- durch interne oder externe Berater
  - Einzelcoaching
  - Teamcoaching
  - Organisationscoaching
- durch Führungskräfte
  - im Rahmen der Einführung
  - in konkreter Situation, z.B. um Wandel zu unterstützen
  - als Fördermassnahme
- durch Kollegen
  - im Anschluss an Seminar
  - Lernpartnerschaft
- Selfcoaching

Im folgenden ist primär die Führungskraft angesprochen, die den Mitarbeitern/innen oder einem Team als Coach hilft, mit dem Wandel besser umzugehen. Diese Art des Coaching erhält erhöhte Bedeutung.

Coaching ist in diesem Sinne eine prozessorientierte Begleitung, die die Mitarbeiter/innen darin unterstützt, konkrete Ziele besser zu erreichen, als dies sonst der Fall gewesen wäre. Es ist eine begleitende, herausfordernde und unterstützende Funktion.

Coaching heisst nicht planen und steuern, sondern Prozesse in Gang setzen, reflektieren, unterstützen. Coaching zeichnet sich dadurch aus, dass zeitlich begrenzte Prozesse angestossen werden und Hilfe zur Selbsthilfe geboten wird. Coach und Mitarbeiter arbeiten gemeinsam an konkreten Aufgaben. Es geht nicht primär darum, Schwächen auszumerzen, sondern Stärken aufzubauen.

Die Mitarbeiter/innen sollen die Tore erzielen, nicht die Vorgesetzten. Coaching verlangt Wahrnehmungsvermögen, Eingehen auf die Mitarbeiter/innen, gegenseitige persönliche Akzeptanz und Glaube an die Veränderungsmöglichkeiten. Grundlage jedes Coaching sind Menschenbild, Vertrauen sowie Feedback.

Typische Coaching-Situationen im Wandel sind:

- Unterstützung der Schlüsselpersonen im Wandel
- Begleiten von Mitarbeitern/innen in kritischen Veränderungssituationen
- mentale Vorbereitung auf kritische Situationen
- Vorbereitung auf neue Aufgaben
- Unterstützung von Lernprozessen
- Begleitung wichtiger Laufbahnschritte
- Förderung der Funktionsfähigkeit von Teams.

Der Coaching-Prozess kann wie folgt dargestellt werden (siehe *Abbildung 17*):

Abbildung 17: Coaching-Prozess

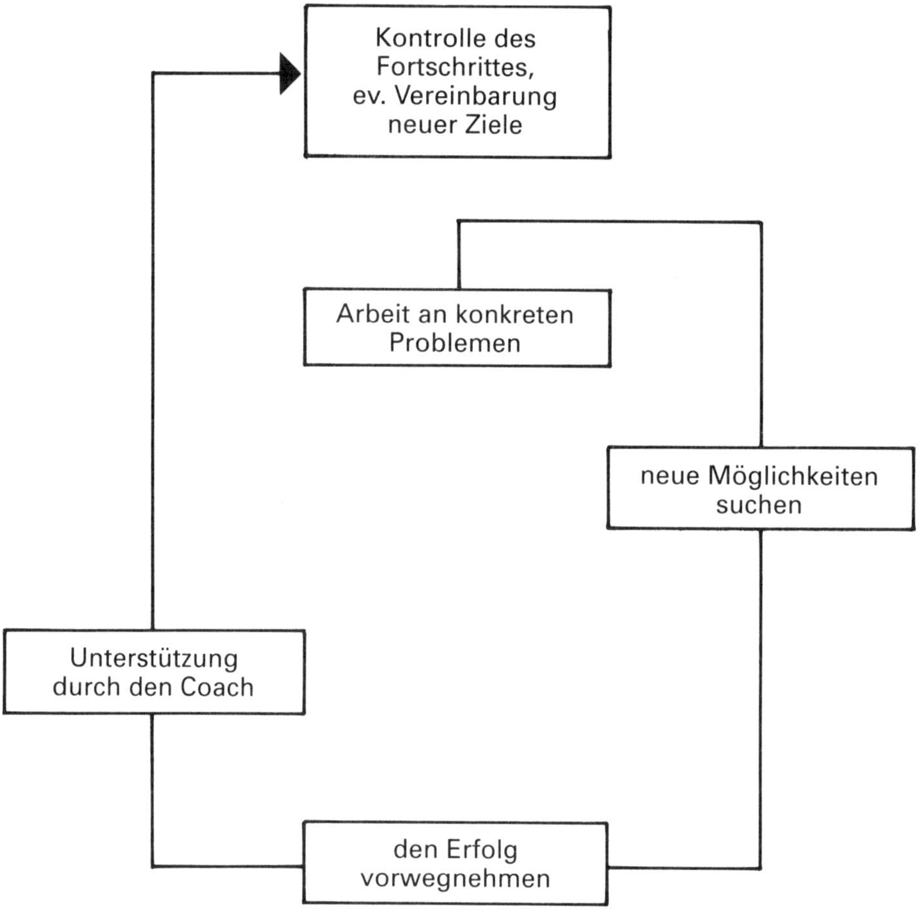

Die einzelnen Schritte des Coaching-Prozesses beinhalten:

1. Arbeit an konkreten Problemen:
   - Informationen und Hintergründe darlegen
   - Fragen zur Klärung der Situationen aufwerfen
   - Ängste/Widerstände wahrnehmen und auf sie eingehen
   - Problembewusstsein schaffen
   - gemeinsam vereinbaren, welcher Erfolg erzielt werden soll (klarer Erfolgsmassstab, Standards);
2. Neue Möglichkeiten suchen:
   - Fragen stellen (hypothetische Fragen: Wie wäre es, wenn das Problem gelöst wäre? Was müssen Sie tun, um dahin zu gelangen? Was wäre für Sie ein erster bedeutender Schritt?)
   - aus Problemen Wünsche machen
   - Stärken aktivieren (Welche ihrer Stärken könnte Ihnen am besten helfen, das Problem zu lösen? Positive Erfahrungen in Erinnerung rufen)
   - Lösungsmöglichkeiten analysieren, bewerten und auswählen
   - Erfahrungen machen und reflektieren;
3. Den Erfolg gedanklich vorwegnehmen, das heisst:
   - entspannen, loslassen
   - Erfolg bildhaft in Gedanken vorwegnehmen
   - Veränderung als positive Spirale erleben lassen;
4. Unterstützung durch den Coach:
   - Verhalten spiegeln, Feedback geben
   - laufend neue Impulse vermitteln
   - unterstützen, Sicherheit geben, ermutigen, herausfordern, beraten, abschirmen
   - präsent und nahe sein, dauerndes Interesse, Impulse, Anregungen
   - Erfolge feiern
   - Belohnungen "verteilen";
5. Kontrolle des Fortschrittes, eventuell Vereinbarung neuer Ziele

4.2.3.4 Rollen und Anforderungen an Führungskräfte

Die Erfordernisse des Wandels setzen neue Akzente an die Rolle und das Selbstverständnis der Führungskräfte (siehe *Abbildung 18*):

Abbildung 18: Rolle und Verständnis der Führungskräfte

Chef, Machthaber	⇒	Partner, Teamkultur
Macher	⇒	Kultivierer, Coach, Prozessberater, Vernetzer
Fachführung	⇒	soziale Kompetenz

Letztlich geht es um eine Neuverteilung von Macht im Sinne einer echten Partnerschaft und gegenseitiger Verpflichtungen und nicht von Interessengegensätzen.

Wichtige Führungseigenschaften im Wandel sind (siehe *Abbildung 19*):

Die persönlichkeitsbezogene, die soziale[1] und die strategisch/kulturelle Kompetenz sind zu Lasten der fachlichen/funktionalen Kompetenz auszubauen (siehe *Abbildung 20*). Nur so vermag die Führungskraft im zukünftigen Wandel zu bestehen.

[1] Soziale Kompetenz ist die Fähigkeit, mit andern Menschen zusammenzuarbeiten, mit ihnen zu kommunizieren und sie zu motivieren sowie gegenseitiges Vertrauen zu schaffen.

Abbildung 19: Führungseigenschaften im Wandel

Persönlichkeitsbezogene Kompetenz

- Engagement, Leistungswille, Tatkraft in der Umsetzung
- Offenheit gegenüber Neuem, Innovationsfähigkeit
- Flexibilität
- Ausdauer, Belastbarkeit
- Vertrauen in sich und andere

Soziale und führungsmässige Kompetenz

- Wahrnehmungsfähigkeit
- partnerschaftliches Verhalten, Zusammenarbeit, Teamorientierung
- Kommunikationsfähigkeit
- Überzeugungsfähigkeit, Sinnvermittlung, Vorbild
- Leistungspotentiale der Mitarbeiter/innen erkennen und nutzen
- Veränderungsfähigkeit, etwas bewegen können

Strategische und kulturelle Kompetenz

- Vogelperspektive, ganzheitliches Denken
- unternehmerisches Denken, unternehmerische Verantwortung
- Kundenorientierung

Fachliche/funktionale Kompetenz

- funktionale Kompetenz
- analytische, konzeptionelle Fähigkeiten.

Abbildung 20: Entwicklung der Kompetenzen

Der Schritt vom Sachpromotor zum Sozialpromotor ist anspruchsvoll, da viele Führungskräfte aufgrund ihrer fachlichen und nicht aufgrund ihrer führungsmässigen Qualifikation ausgewählt wurden.

Jede Führungskraft sollte sich fragen:

- Wofür bin ich ein Vorbild?
- Wieviel Zeit verwende ich, um etwas zu bewegen (z.B. über 50 Prozent der Zeit mit neuen, strategischen Prioritäten verbringen)?
- Was habe ich heute verändert?

Der Wandel stellt hohe Anforderungen an die Vorgesetzten aller Stufen und an ihre eigene Wandlungsfähigkeit. Sie sollten gleichzeitig

visionär	+	realistisch
sensibel	+	fordernd
innovativ	+	praktisch
kulturgestaltend	+	strategienentwickelnd sein.

Eine solche Fülle von Fähigkeiten ist selten in einer Person vereinigt. Das führt möglicherweise zu folgenden Entwicklungen:

- Teams werden so zusammengesetzt, dass sie zusammen das ganze Spektrum abdecken und zueinander passen.
- Je nach Veränderungsvorhaben braucht es unter Umständen in verschiedenen Lebenszyklen unterschiedliche Vorgesetzte.
- Die wenigsten Manager/innen vermögen länger als fünf bis zehn Jahre "Spitze" zu bleiben. Entweder sie missachten neue Strömungen oder sie sonnen sich in ihrem Erfolg.
- Spiralförmige Entwicklung (auch Querversetzungen, bereichsübergreifend usw.) sind tatkräftig zu fördern.

4.2.4 Symbolische Handlungen

Der Mensch ist sensibel in der Wahrnehmung symbolischer Handlungen. Geschichten, Anekdoten, Rituale, Zeremonien haben oft aussergewöhnliche Signalwirkung. Sie zeigen den Mitarbeitern/innen, was wichtig ist. Symbolisieren heisst, Bedeutung verleihen. In Zeiten des Wandels ist das von speziellem Wert und die symbolischen Handlungen prägen sich auch besonders gut ein.

Die **Formen und Möglichkeiten** symbolischer Handlungen sind vielfältig und keinesfalls auf grosse Zeremonien und Rituale beschränkt. Auch Alltagshandlungen wie Sprache, Wortwahl, Tonfall enthalten symbolische Botschaften. Was Führungskräfte beachten, betonen und kontrollieren, zeigt den Mitarbeitern/innen die dahinterliegenden Werte auf.

Die meisten Führungskräfte sind sich zuwenig der **symbolischen Wirkung in ihrer Führung bewusst**: Bestimmte Dinge systematisch beachten, ist zum Beispiel eine sehr wirksame Art, eine Botschaft zu vermitteln. Die Reaktionen von Führungskräften in kritischen Situationen sind oft wirksamere Botschaften als jede Menge von Erklärungen.

Symbolbewusste Manager/innen sind jederzeit sichtbar und hörbar. Sie verstärken und schwächen ab. Sie statuieren Exempel, loben und tadeln. Sie vermitteln Erfolgserlebnisse. Sie haben den Mut, besondere Leistungen herauszustellen und schaffen so Symbolfiguren.

Die gehirnphysiologische Forschung zeigt, dass die beiden Gehirnhälften verschiedenen Aufgaben dienen. Je nach Individuum können unterschiedliche spezifische Dominanzen festgestellt werden. Menschen, bei denen die linke Gehirnhälfte besonders ausgeprägt ist, sind tendenziell weniger bereit, Symbolik einzusetzen. Führungskräfte mit stark ausgebildeter rechter Gehirnhälfte setzen Symbolik leichter ein. Mit andern Worten: Die Voraussetzungen für die Anwendung der Symbolik sind unterschiedlich entwickelt (siehe *Abbildung 21*).

Abbildung 21: Gehirnhälften

linke Gehirnhälfte:
- kognitive Sach- oder rationale Ebene
- logisch-rationale, analytische, abstrakte Operationen
- mathematische, buchhalterische, sprachliche Funkionen
- zielorientiert
- kontinuierlich
- verbal

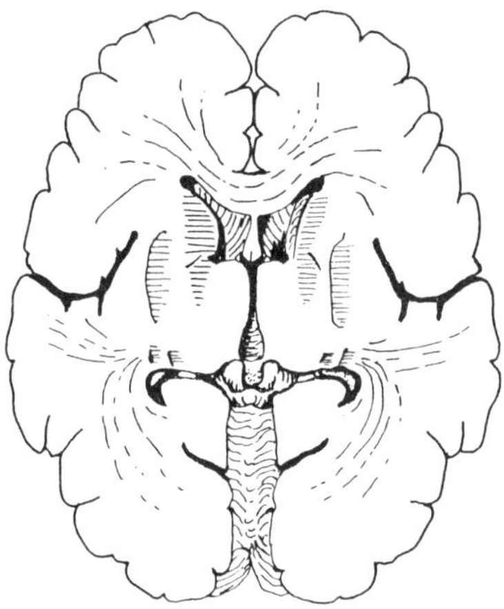

rechte Gehirnhälfte:
- emotionale Beziehungs- oder Kreativebene
- ganzheitliche Kreativität
- Intuition
- Charisma
- erfassen von Bildern
- nicht verbal
- zeitlos
- diffus
- Werte, Haltungen, Einstellungen
- Gefühle

Tröstlich ist, dass die Sensibilität für symbolische Ausdrucksformen gesteigert werden kann, zum Beispiel indem die Wahrnehmungsfähigkeit (z.B. durch Entspannungsübungen, Meditation) entwickelt oder das bildhafte Denken gefördert wird.

Die Anwendung von Symbolik ist sorgfältig auf die Umgebung und die Situation abzustimmen. Die gleiche symbolische Handlung kann in einer Bank oder in einer hochkreativen Werbeagentur ganz unterschiedlich gedeutet werden.

Wirksam ist die spontane, kreative und zeitgerechte Symbolik. Alle Zeichen und Massnahmen müssen in die gleiche Richtung weisen. Uneinheitliche Zeichen verunsichern, statt dass sie Signale setzen.

- **Beispiele symbolischer Handlungen/Massnahmen:**

  Wandel erfordert neue Signale und Rituale. Aber situationsgerechte Symbolik lässt sich schwer übertragen. In diesem Sinne sollen die folgenden Beispiele lediglich als Anregung dienen:

- fixer Tag, der bei allen Vorgesetzten strikte den Projekten des Wandels gewidmet ist
- Auftaktveranstaltungen zu Schwerpunkten des Wandels
- ständige Betonung der Erfordernisse des Wandels an Sitzungen und Konferenzen
- Forum des Wandels zur Förderung eines offenen Dialoges
- starke symbolische Figuren in "Nester des Widerstandes" verpflanzen
- Projekt des Wandels einen Namen geben
- gemeinsam einen Gipfel erklimmen
- goldene Rose für aktiven Einsatz im Wandel
- alle unterschreiben Charta des Wandels
- handschriftliche Dankesbriefe des obersten Chefs
- Politik der offenen Türe
- jeder erhält eine neue Brille
- Exempel statuieren
- alles zum Thema des Wandels sichtbar liegen lassen (Bücher usw.)
- mit Auswahl/Beförderungen Signale setzen
- Fünf-Minuten-Rede entwickeln, welche die Bedeutung des Wandels erklärt
- Geschichten über den Wandel sammeln und kolportieren
- "heilige Kühe" für alle sichtbar schlachten
- Ergebnisse transparent machen
- Erfolge feiern, positive Verstärkung von Erfolgen.

4.2.5 Reflexion/Feedback/Erfolgserlebnisse

Alltagshandlungen laufen häufig unreflektiert ab. Zu Unrecht. Schneller Wandel verlangt schnellen Feedback. Solche Rückmeldungen unterstützen Lernprozesse und beschleunigen die Lernspirale. Wir lernen durch reflektorisches Lernen mit Erfolg und Misserfolg umzugehen. Auch das Negative ist in diesem Sinne positiv. Feedback unterstützt und fördert positives Verhalten, korrigiert Verhaltensweisen und klärt Beziehungen. Feedback hilft, das neue Verhalten ganzheitlicher zu sehen und sich dabei wohlzufühlen. Feedback setzt allerdings eine Kultur der Offenheit und des Vertrauens voraus (siehe *Abbildung 14*).

Wir sollten unser Handeln konsequent selbst reflektieren und anderen Feedback geben. Die Möglichkeiten, einen schnellen, individuellen Feedback zu begünstigen, sind vielfältig.

Es können bewusst Möglichkeiten zur Reflexion und Metakommunikation (d.h. die Kommunikation über die Kommunikation) geschaffen werden (z.B. nach Sitzungen, in Projekten usw. fragen: Wie sind wir miteinander umgegangen? Wie haben wir uns gegenseitig erlebt? Wie zufrieden sind wir mit dem Sachergebnis? Was hat sich bewährt? Was sollte so weitergemacht werden? Was ist zu ändern?) Lernpartnerschaften, Coaching und Mitarbeitergespräche beinhalten vielfältige Feedbackmöglichkeiten. Eine besonders anspruchsvolle Form des Feedbacks ist die Beurteilung von unten. Mitarbeiterbefragungen können als Spiegel für Vorgesetzte eingesetzt werden. Auch periodische Überprüfungen im Sinne von Reviews können hilfreich sein.

- **Lernen am Erfolg:**

  Im Prozess der Veränderung spielen Erfolgserlebnisse eine wichtige Rolle. Nichts wirkt so stimulierend wie selbst kleine unmittelbare Erfolge. Gemeinsames Erleben erfolgreichen Wandels ermutigt, die Bemühungen fortzusetzen. Erfolg beschleunigt die Lernspirale. Erfolg gibt Selbstvertrauen und Kraft. Umgekehrt ist die Misserfolgsspirale geprägt von Unsicherheit, Angst, Stress, Aggression.

Erfolge sollten sichtbar gemacht und gefeiert werden. Wenn es der Kultur des Unternehmens entspricht, kann auch ein Preis für die beste Umsetzung ausgesetzt werden. Mindestens sollte aber das den Wandel unterstützende Verhalten anerkannt und belohnt werden.

Eine andere Möglichkeit besteht darin, vergangene Erfolge als Kraftquelle zu nutzen und sie wieder aufleben zu lassen. Frühere Erfolgserlebnisse visualisieren und erfolgreich gemeisterte schwierige Situationen wieder hervorholen, schafft Vertrauen in die eigenen Kräfte.

- **Anerkennung:**

Feedback kann durch Anerkennung und durch konkretes positives Verhalten verstärkt werden. Tierversuche geben eindeutige Hinweise. Tiere einer ersten Gruppe wurden jedes Mal belohnt, wenn sie etwas richtig machten, diejenigen der zweiten Gruppe jedesmal bestraft, wenn sie etwas falsch machten und diejenigen der dritten Gruppe dienten als Kontrollgruppe, die weder belohnt noch bestraft wurden. Ergebnis: Die Tiere der ersten Gruppe, die eine positive Verstärkung erlebt hatten, lernten am schnellsten.

Wir wissen alle, wie wichtig positive Botschaften sind und doch tun wir uns schwer damit. Zu oft wird nach der Devise gehandelt: Wenn ich nichts sage, ist es schon recht. Wir sollten aber viel häufiger die Mitarbeiter/innen bei einer guten Tat ertappen. Ehrlich gemeinte Anerkennung festigt Verhaltensweisen. Sie ist um so wirkungsvoller, je spontaner sie erfolgt.

- **Lernen an Modellen:**

Das Lernen an Modellen ist eine der wirksamsten Lernformen. NLP (Neurolinguistische Programmierung) beispielsweise, baut in entscheidender Weise darauf auf. Durch die Beobachtung eines Modells der Spitzenklasse werden richtige Verhaltensweisen aufgezeigt.

Erstklassige Qualität ist überall möglich, wo es Spitzenkönner gibt, die Modell stehen, das kann heissen herausragende Mitarbeiter/innen als

Helden herauszustreichen oder die beste Subkultur zu betonen. Es gibt Beispiele von Unternehmenskäufen unter dem Aspekt, am guten Beispiel (z.B. Kundenorientierung) zu lernen. Modell stehen können auch die Konkurrenten. Dann spricht man von Benchmarking. Eine bewährte Methode besteht darin, in einer geeigneten Organisationseinheit ein Modell zu schaffen und es dann bei Erfolg zu multiplizieren.

4.3 Die "harten" Bausteine

Unter "harten" Bausteinen im Wandel werden nicht primär die spezifischen Massnahmen der Ressourcen-Zuordnung, des Kostenmanagements, des Marketing, der Dienstleistungs-/Produktepalette, von Technik/Logistik oder Informatik verstanden. Erläutert werden die allgemeinen Voraussetzungen erfolgreicher Veränderung.

4.3.1 Gezielter Einsatz von Schlüsselpersonen

An der Basis jedes Wandels stehen Menschen, die sich dafür einsetzen. Wandel braucht Köpfe. Deshalb ist die Auswahl, der Einsatz und die Unterstützung der Fahnenträger und Schlüsselpersonen entscheidend.

Machtpromotoren müssen leitende Führungskräfte sein. Als Prozesspromotoren können Change Agents eingesetzt werden. Wenn gleichzeitig mehrere Projekte oder Teilprojekte laufen, hat sich die Rolle des Vernetzers als hilfreich erwiesen.

4.3.1.1 Auswahl

Die Auswahl von Schlüsselpersonen kann im Wandel nicht sorgfältig genug vorgenommen werden. In erfolgreichen Unternehmen investiert das Top-Management viel Zeit in die Besetzung wichtiger Führungspositionen und von Leitern/Leiterinnen wichtiger Projekte. Die grössten Fehler werden in der Regel in personellen Fragen gemacht. Je einschneidender der Wandel, desto wichtiger wird die Auswahl der Schlüsselpersonen.

Nach U. PRAGER, dem Gründer von Mövenpick, besteht das Geheimnis darin, die richtigen Leute zu rekrutieren, weiterzubilden und zu fördern sowie ein Klima zu schaffen, in dem sie sich entfalten können, wo sie getragen sind von Vertrauen in ihre Arbeit und wo sie die Hilfe erhalten, die sie benötigen.

Es lohnt sich, sehr sorgfältig die richtigen Exponenten auszuwählen und zu fördern, die es verstehen, sich und andere für den Wandel zu begeistern.

Die Segmente der Änderungsbereiten und der Kritischen (unterschieden nach positiv und negativ Kritischen) sind möglichst klar auseinanderzuhalten. Am einfachsten ist es gewöhnlich, sich mit den Änderungsbereiten und den positiv Kritischen zu verbünden und mit ihnen etwas auszulösen. Die positiv Kritischen können oft mit konkreten Aufgaben im Rahmen des Wandels überzeugt werden. Die Negativen wird man zu neutralisieren versuchen, ohne aber übermässige Kräfte an sie zu binden. Zuerst ist zu beantworten, welche Fähigkeiten im konkreten Wandel unerlässlich sind und wer sich mit dem Wandel identifiziert (siehe auch *Abbildung 19*).

Die **Anforderungen an die Veränderungsmanager/innen** sind möglichst klar festzulegen. Sicher sind es Persönlichkeiten, die den Wandel aktiv und prozessorientiert angehen wollen und können. Sie besitzen echtes Veränderungspotential und wollen selber prägend wirken. Wichtiger als fachliche Brillanz ist das Gefühl für schwierige Führungssituationen in der Umsetzung.

Erstklassige Führungskräfte werden auch in Zukunft knapp sein. Erfolgreiche Unternehmen versuchen sie intern zu erfassen und zu entwickeln. Unternehmen, die das Potential der Mitarbeiter/innen sorgfältig einschätzen, verfügen in der Regel auch in Situationen des Wandels über mehr Alternativen. Sie haben sich vorher Voraussetzungen geschaffen und können im entscheidenden Augenblick aus dem vollen schöpfen.

Wenn ein dringender Bedarf gegeben ist, zahlen sich Kontinuität und seriöse Pflege des Nachwuchspotentials sowie systematische Laufbahnplanung aus. Abteilungsegoismen sollten im **Management Development** im

Sinne des Ganzen nicht toleriert werden. Das ist leichter möglich, wenn die Potentialentwicklungsbemühungen der Linie tatkräftig belohnt werden.

Die besten Voraussetzungen für Situationen des Wandels bringen gewöhnlich Mitarbeiter/innen mit, die im Rahmen einer spiralförmigen Karriereentwicklung verschiedene Positionen intensiv erlebt haben. Gemeint ist nicht eine Vielzahl kurzfristiger Einsätze, die es kaum erlauben, auch die im Wandel entscheidende Umsetzung zu lernen, sondern Einsätze von fünf bis sechs Jahren in verschiedenen Bereichen. Damit diese Flexibilität vermehrt zum Normalfall wird, schränken einzelne Unternehmen zum Beispiel die Verweildauer in einer Funktion ein.

Wenn immer möglich sind starke Persönlichkeiten in die für den Wandel strategisch wichtigen Positionen einzusetzen.

Soweit das nötige Know-how intern vorhanden ist, sollte es unbedingt genutzt werden.

Wenn intern kein geeigneter Kandidat/in gefunden werden kann, drängt sich vielleicht eine Lösung von aussen auf. Dadurch, dass er/sie nicht ins interne Beziehungsnetz integriert ist, hat der/die Externe in der Regel mehr Freiheiten, etwas zu verändern. Umgekehrt läuft er/sie Gefahr, "abgestossen" zu werden, wenn er/sie sich nicht in die bestehende Kultur zu integrieren weiss.

Gewisse Extremsituationen des Wandels erfordern neue, unverbrauchte Führungskräfte. Im Wandel trennt sich die Spreu vom Weizen. Man kann positive wie negative Überraschungen erleben. Manchmal ist es unerlässlich, "Hierarchen", die dem Wandel im Wege stehen, abzulösen. In solchen Fällen ist niemandem gedient, wenn allzulange gezögert wird.

Veränderer brauchen klar vereinbarte Aufgaben und **Unterstützung**. Die Leitplanken, die Spielraum für einen individuellen Weg lassen, sollten gemeinsam umschrieben werden.

In den schwierigen Phasen des Wandels müssen Schlüsselpersonen gestärkt, gestützt und unterstützt werden. Sie müssen ihres eigenen Arbeitsplatzes sicher sein, um auch unangenehme Entscheide treffen zu können. In Zukunft wird wahrscheinlich ein eigentliches Coaching zunehmend als normal betrachtet werden, denn Aufgaben im Wandel absorbieren oft über das Normale hinaus und können auch die private Sphäre tangieren. Solche besonderen Belastungen rufen nach einer Unterstützung, die auch das Spannungsfeld Beruf/Familie einschliesst. Ein externer Berater mit fundierter Erfahrung kann hier Hilfe zur Selbsthilfe leisten, indem er die Führungskräfte für den Veränderungsprozess sensibilisiert und hilft, einen Rahmen für den Wandel zu schaffen. Er ist primär Coach, Prozessberater und Impulsgeber.

4.3.1.2 Intrapreneurship

Intrapreneure sind kreative und initiative Mitarbeiter/innen, denen das Unternehmen Freiraum und Ressourcen zur Verfügung stellt, so dass sie im Unternehmen als echte Unternehmer/innen tätig werden können.

Die Idee des Intrapreneurship ist auf den ersten Blick auch im Wandel einleuchtend. Potentialträgern wird die Möglichkeit geboten, sich als interne Unternehmer mit besonderen Kompetenzen und Spielräumen zu betätigen.

Intrapreneurkonzepte scheitern in der Praxis allerdings oft. Entweder sind die nötigen Voraussetzungen wie Freiraum für Unternehmertum, Dezentralisierung der Entscheidungen, Risikobereitschaft usw. nicht gegeben oder es entstehen allzu extreme Subkulturen, die von der Gesamt-Unternehmenskultur abgestossen werden. Ungleichbehandlung und Elitebildung vertragen sich oft schlecht mit traditionellen Kulturen.

Im Rahmen dieser Grenzen sollte Intrapreneurship tatkräftig gefördert werden.

Einen interessanten Ansatz hat die deutsche Aerospace entwickelt. Aufgrund eines Ideenwettbewerbes werden periodisch Projekte ausgewählt. Die Ideengeber werden als Intrapreneure mit der Umsetzung ihrer Ideen betraut und unterstützt.

4.3.2 Change Team

Wandel bewältigen heisst, die richtigen Leute zusammenzubringen und sie coachen.

Echter Wandel in einem Unternehmen geht in der Regel von kleinen Gruppen aus, in denen so etwas wie eine "positive Schwingung" besteht, die nach aussen ausstrahlt.

Die im Wandel geforderten Eigenschaften sind selten in einer Person vereinigt. Ein Team bietet viel bessere Möglichkeiten, vorausgesetzt, es ist breit und bereichsübergreifend zusammengesetzt.

Es genügt nicht, die besten Leute für eine Aufgabe zu gewinnen. Sie müssen auch zueinander passen. Die menschliche und teambezogene Komponente ist in diesem Sinne höher zu gewichten als die rein fachliche.

Als Grundsätze in der Teambildung können gelten:

- Teams mit sich ergänzenden Persönlichkeiten besetzen (verschiedene Interessen, Altersgruppen, auch Querdenker, Kreative und Umsetzer).
- Besondere Sorgfalt auf die Wahl der Leiterpersönlichkeit legen.
- Verankerung und Akzeptanz der Teammitglieder in möglichst breitem Netzwerk.
- Identifikation mit dem Auftrag. Man kann sich nicht für etwas engagieren, von dessen Richtigkeit man nicht überzeugt ist.
- Bereitschaft, sich selbst in Frage zu stellen.
- Betonung der Teamfähigkeit.
- Gute Teams haben einen kritischen Trainer.

Jedes Team durchläuft eine Reihe von Entwicklungsphasen, die zu beachten sind, damit das Team effektiv arbeitet (siehe *Abbildung 22*).

- **Orientierungsphase**

  Die Teammitglieder lernen sich kennen und definieren Ziele, Aufgaben und Spielregeln sowie Arbeits- und Vorgehensweise.

- **Konfrontationsphase**

  Konflikte zwischen Einzelnen und Untergruppen treten auf. Interessen und Meinungen polarisieren sich. Die Teamaufgabe ist klärungsbedürftig.

- **Strukturierungsphase**

  Nun beginnen sich Spielregeln herauszubilden. Ein Gefühl der Gruppenzugehörigkeit und des Zusammenhaltes entwickelt sich. Widerstände und Konflikte werden abgebaut. Wissen, Meinungen und Gefühle können offen ausgetauscht werden. Die Teammitglieder kooperieren.

Abbildung 22: Entwicklungsphasen von Teams

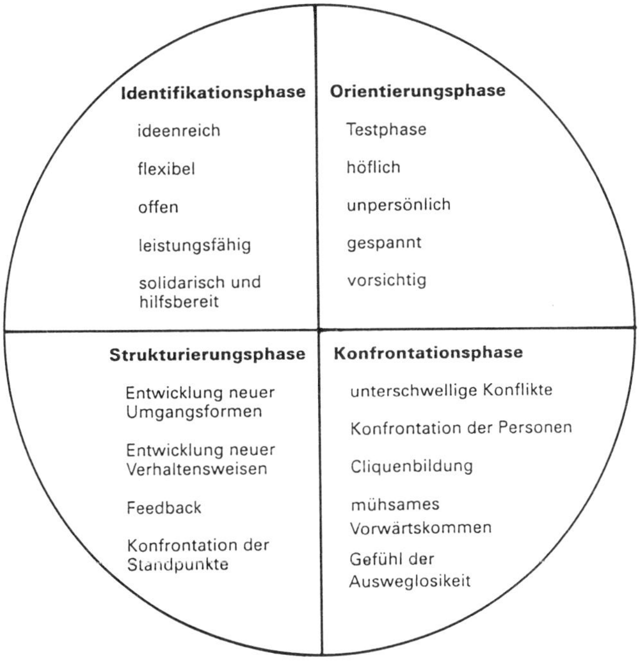

- **Identifikationsphase**

  Die Gruppenstruktur ist jetzt robust und trägt optimal zur Aufgabenerfüllung bei. Vorhandene Energien werden ganz der Teamaufgabe gewidmet. Die Teammitglieder zeigen Flexibilität bei der Aufgabenbearbeitung und packen zu.

Diese Phasen treten in jeder Gruppe auf. Wenn die jeweilige Entwicklungsphase, in der sich die Gruppe befindet, erkannt und die damit verbundenen Aufgaben und Probleme angesprochen und gelöst werden, kann der Teambildungsprozess beschleunigt werden.

In funktionierenden Teams ist die Richtung klar festgelegt. Es sind messbare Ziele und Teilziele vereinbart. Für die Zusammenarbeit gelten klare Spielregeln. Der ersten Phase der Zusammenarbeit wird spezielle Bedeutung beigemessen. Besonders effizient ist es, wenn dasselbe Team sowohl für die Konzeption wie auch für die Umsetzung verantwortlich ist.

4.3.3 Professionelles Projektmanagement

Die Regeln des Projektmanagements gelten auch in Projekten des Wandels. Wie jedes Projekt braucht auch ein Projekt des Wandels klare Meilensteine und definierte Teilprojekte. Transparenz und Vernetzung mit anderen Projekten sind tatkräftig zu fördern. Aufgaben und Verantwortlichkeiten sind klar festzulegen. Im Rahmen der vorgesehenen Leitplanken soll der Spielraum für die Projektleitung möglichst gross sein.

4.3.4 Flexible Strukturen

Starre Strukturen können nur unter stabilen Umweltbedingungen effektiv sein, aber nicht im Wandel. Zunehmende Umweltdynamik ruft nach einfacheren, flexibleren Organisationsformen. Gegenüber den formalen gewinnen die informalen Strukturen an Bedeutung.

Aus der Organisationslehre sind eine Reihe von **Trends** ersichtlich, die Wandel unterstützen können:

- **Flachere Strukturen, weniger Hierarchien:**

  Klar ist der Trend weg von komplizierten (z.B. Matrix-Organisationen) zu flacheren Strukturen mit viel Autonomie und Freiräumen. Zusätzliche Hierarchieebenen sind "Durchlauferhitzer". Sie bremsen den Informationsfluss. Viele Probleme haben mit tief gestaffelten Strukturen und mit übertriebener Arbeitsteilung zu tun. Weniger Führungsebenen heisst kürzere Entscheidungswege und schnellere Umsetzung von Veränderungen. Damit wird auch die Kontrollspanne grösser und die Komplexität der Führung nimmt zu. Mehr laterale Kommunikation wird notwendig.

  In bestimmten Fällen ist es sinnvoll, Routinegeschäfte und solche mit innovativem Charakter organisatorisch zu unterscheiden. In der Routine mögen die Vorteile der Ordnung obsiegen, im innovativen Geschäft sind flexible, freiheitliche Strukturen von Vorteil.

- **Überschaubare, selbständige Einheiten, Dezentralisation:**

  Heute sind kleine schlagkräftige Einheiten, die selbständig entscheiden können, gefragt. Beispiele dafür sind Unternehmen, die sich immer wieder aufteilen, sobald eine Einheit eine gewisse Grösse erreicht (W.L. Gore & Co. GmbH, Enator International GmbH). Sie sind überzeugt, dass die Lern- und Veränderungsfähigkeit in überschaubaren Einheiten besonders gross ist.

  In eine ähnliche Richtung gehen auch Profitcenterorganisationen und Spin-offs (ausgegliederte Unternehmensbereiche).

  Der Unternehmensföderalismus hat wahrscheinlich seinen Höhepunkt erreicht. Einerseits sind Führungskräfte, die den hohen Anforderungen gewachsen sind, nur beschränkt vorhanden und andererseits wird heute zunehmend betont, dass die Autonomie nicht uneingeschränkt sein kann, wenn aus Verflechtungspotentialen vermehrt Wettbewerbsvorteile resultieren sollen. Die ganzheitliche Sicht muss wieder vermehrt zum Tragen kommen. Das kann in verbindenden kulturellen Werten oder darin zum Ausdruck kommen, dass zwischen den verschiedenen Funktionen Bindeglieder (Pools) geschaffen, Überlappungen bewusst vorgesehen oder die Kernfähigkeiten vermehrt wieder zentral wahrgenommen werden.

- **Variable, temporäre Strukturen (Projektarbeit):**

  Die Entwicklung von funktionalen Organisationen zu viel mehr temporären Strukturen, zum Beispiel in Form von Projektarbeit, Task-forces, bereichsübergreifender Gruppenarbeit, ist eine Grundvoraussetzung für spontanes Lernen und die schnelle Umsetzung des Wandels im Unternehmen.

- **Flexible, unbürokratische Strukturen:**

  Probleme schnell und unbürokratisch zu lösen, wird zunehmend ein entscheidender Erfolgsfaktor. Flexibilisierung, Lean Management usw. sind Stichworte dazu.

- **Informelle Netzwerke:**

  Langfristig gesehen, werden Organisationen immer mehr zu flexiblen, offenen Systemen, die sich untereinander vernetzen statt sich gegeneinander abzuschotten. Gefragt ist die flexible "Zeltorganisation" statt die starre "Palastorganisation".

Die Vielfalt an Organisationsformen wächst. Das Unternehmen der Zukunft kombiniert wenig Hierarchieebenen mit teilweise stabilen, teilweise temporären Strukturen.

Organisatorische Massnahmen allein genügen nie. Es braucht zusätzlich einen Wandel im Denken und die entsprechenden begleitenden Umsetzungsmassnahmen. Prozesse sind wichtiger als Strukturen.

4.3.5 Herausfordernde Standards

Im Alltag umgesetzt wird nur, was man in irgendeiner Form auch messen kann. Damit Veränderung wirklich geschieht, ist es wichtig, dass Leitplanken und klare, herausfordernde, qualitative und quantitative Standards, die eine deutliche Verbesserung darstellen, formuliert werden. Sie dienen als Erfolgsmassstab.

Standards umschreiben das gewünschte Ergebnis. Sie werden vom Projektteam für die zentralen Veränderungsprozesse aufgestellt. Für organisatorische Veränderungen oder Investitionen sind entsprechende Aktionspläne zu erstellen.

Durch die Beschreibung der Ausgangssituation werden die zu verbessernden Prozesse für alle Beteiligten transparent, und der Fortschritt kann leichter aufgezeigt werden.

Standards können zum Beispiel sein:

- Reaktionszeiten auf Kundenanfragen (Standards für Beantwortung von Briefen, Offerten, Reklamationen)
- Sitzungen (Dauer und Traktanden)
- Verbesserung des Zufriedenheitsgrades von Mitarbeitern/innen gemäss Befragung
- Anzahl Personalentwicklungstage für strategisch relevante Themen
- Verbesserung des Nutzens der Human Resources-Instrumente.

4.3.6 Motivierende Rahmenbedingungen

Wenn Biologen neue Bakterienstämme entwickeln wollen, schaffen sie Bedingungen, die der Entwicklung der Bakterien angemessen sind. Ganz ähnlich geht es im Unternehmen darum, motivierende Rahmenbedingungen zu gestalten. Dieser neue Rahmen soll neues Denken und Verhalten ermöglichen und fördern. Dabei kann es im Sinne von R.K. SPRENGER wichtiger sein, das Demotivierende aus dem Weg zu räumen, als um jeden Preis motivieren zu wollen.

Verschiedene Möglichkeiten motivierender Rahmenbedingungen werden an anderer Stelle näher erläutert, zum Beispiel dezentralisierte Strukturen (*Kapitel 4.3.4*) oder ein auf Vertrauen und Delegation beruhender Führungsstil (*Kapitel 4.2.3*).

Hier soll vor allem auf weitere Rahmenbedingungen eingegangen werden, wie:

- flexible Systeme,
- Ressourcen/Arbeitsmittel und
- Architektur und Raumgestaltung.

• **Flexible Systeme:**

Im römischen Recht wurden im Unterschied zum germanischen nur allgemeine Regeln aufgestellt und nicht der Einzelfall reglementiert. Wir sollten versuchen, uns im Sinne des römischen Rechtes auf die Grundsätze zu beschränken. Die Beweislast sollte derjenige tragen müssen, der eine detailliertere Regelung fordert.

Möglichkeiten zur Flexibilisierung von Systemen sind:

- weniger starre, einengende Pflichtenhefte; bewusst Freiräume lassen
- direkte, unkomplizierte Entscheidungswege, unbürokratisches Vorgehen
- Finanzkompetenzen überprüfen und delegieren
- bewusste Gestaltung ganzheitlicher Aufgaben und vernetzter Prozesse
- ein paar einengende Vorschriften ausser Kraft setzen
- flexible Arbeitszeiten, die es den Mitarbeiter/innen erlauben, ihren Arbeitsrhythmus individuell zu gestalten
- gezielte Job rotations.

- **Ressourcen/Arbeitsmittel:**

  Substantieller Wandel verlangt vielfach auch eine Neuverteilung der Ressourcen, womit hier nicht nur die Finanzen, sondern auch Zeit und Engagement gemeint sind. Die einzelnen Instrumente und Arbeitsmittel sind zu überdenken und auf die Ziele des Wandels abzustimmen.

- **Architektur und Raumgestaltung:**

  Auch mit baulichen Massnahmen kann ein motivierendes Umfeld geschaffen werden. Die sogenannten Kombi-Büros sind Ansätze in dieser Richtung, die im Grunde Ideen aus der Klosterarchitektur wieder aufnehmen. Jeder hat eine "Zelle", in die er sich zurückziehen kann, aber es gibt auch einen gemeinsamen "Kreuzgang", der der Kommunikation dient.

  Ein interessantes Beispiel sind die obersten Führungskräfte von Honda. Die vierzig obersten Manager arbeiten in einem grossen Raum mit nur sechs einzelnen Schreibtischen und dazu fünf grossen runden Tischen, die die Kommunikation fördern. Im übrigen sollen die Manager ohnehin primär beim Kunden und nicht am Schreibtisch anzutreffen sein.

  Bei einem deutschen Beratungsunternehmen hat jeder Berater nur einen Schreibtischcontainer, den er, wenn er im Büro arbeitet (ein bis zwei Tage in der Woche), unter irgendeinen freien Schreibtisch schiebt. Damit wird viel Raum gespart.

4.3.7 Umsetzungsbezogenes Human Resources-Management

Human Resources-Management umfasst alle Instrumente und Führungsaspekte, die darauf ausgerichtet sind, das persönliche und fachliche Humanpotential im Hinblick auf die zukünftigen Herausforderungen zu erkennen und zu entfalten.

Die Bedeutung der Human Resources-Arbeit und ihre Einbettung in Strategie, Kultur und Struktur wurde bereits dargelegt (siehe *Kapital 2.3*). Die Human Resources-Arbeit ist stärker ins strategische und kulturelle Management zu integrieren. Das Human Resources-Management muss als Promotor für Veränderungen wirken.

Aus den verschiedenen Einflüssen auf die Personalarbeit ergeben sich Auswirkungen auf:

- die Führung (siehe *Kapitel 4.2.3*),
- das Human Resources-Management im engeren Sinne und
- die Attraktivität der Arbeit (siehe *Kapitel 4.3.7.5*),

die in *Abbildung 23* stichwortartig angedeutet sind.

Abbildung 23: Auswirkungen der Einflüsse auf die Personalarbeit

Führung	Human Resources-Management	attraktive Arbeit
T Trust	C Change	S Sinn
T Thank	C Consulting/Coaching	S Spass
T Talk	C Controlling	S Spielraum

- **Viel grösserer Einsatz der Führungskräfte in der Personalarbeit:**

  Die Personalarbeit verlangt von allen Führungskräften einen viel grösseren Einsatz an Zeit und Engagement. Die Führungskräfte werden sich in Zukunft wesentlich intensiver mit Personalfragen beschäftigen müssen. Die Herausforderung für das Personalmanagement besteht darin, sie zu befähigen, diese Aufgaben richtig wahrzunehmen.

4.3.7.1 Das Human Resources-Management überdenken

Das Human Resources-Management wird wichtiger, erhält aber eine ganz andere Bedeutung. Es wird von ihm ein entscheidender Beitrag zum Geschäftserfolg erwartet. Das frühere Personalwesen braucht Perestroika, wenn es Wandel unterstützen soll. Es muss sich selbst einer Erneuerung und einer verstärkten Erfolgskontrolle unterziehen.

Die administrativen Belange werden zunehmend als selbstverständlich vorausgesetzt. Systeme und Konzepte werden weniger punktuell als eingebettet ins Gesamtunternehmenskonzept gesehen. Nicht zahlreichere und ausgefeiltere, sondern flexiblere und praxisbezogenere Systeme, die untereinander integriert sind, werden angestrebt. Beratung, Unterstützung und Mobilisierung von Geschäftsleitung und Mitarbeitern werden zur Kernaufgabe des Human Resources-Managements. Das traditionelle Personalwesen muss sich zum Human Resources-Management mit klaren Schwerpunkten wandeln (*Abbildung 24*).

Abbildung 24: Schwerpunkte zukünftigen Human Resources-Managements

Zur **Personalpolitik** sollten folgende Fragen gestellt werden:

- Wird mit der Personalpolitik die Umsetzung der Schwerpunkte des Wandels gefördert?

- Ist die Personalarbeit kurz- oder langfristig angelegt?
- Mündet die Personalpolitik in konkrete Programme?
- Verfügt das Unternehmen über das richtige Mitarbeiterpotential für die Zukunft?
- Ist die Managementkapazität genügend?
- Gibt es auf den Wandel bezogene Anforderungsprofile für die Führungskräfte?
- Gelten bei der Einstellung von Mitarbeitern/innen kompromisslos hohe Qualitätsmassstäbe?
- Gibt es einheitliche Werte und Haltungen der Führungskräfte in der Führung?
- Investieren die Führungskräfte viel Zeit und Engagement in die Mitarbeiter/innen?
- Werden die Mitarbeiter/innen systematisch gefördert und entwickelt?
- Ist die Aus- und Weiterbildung auf die im Wandel wichtigen Themen ausgerichtet?
- Wird im Unternehmen ein Dialog, der auf Transparenz, Offenheit und Mitsprache beruht, gefördert?
- Besteht zwischen Führungskräften und Mitarbeitern/innen ein Vertrauensverhältnis?
- Wird auf das Betriebsklima grossen Wert gelegt?

4.3.7.2 Selektion und Rekrutierung

Eine der wirksamsten Arten, Wandel zu unterstützen, ist die Auswahl und Qualifizierung neuer Mitarbeiter/innen. Aufgrund arbeitsplatzbezogener Interviews sollte abgeklärt werden, ob die Kandidaten/innen die geplanten Veränderungen unterstützen können.

Jede Einstellung sollte mindestens so sorgfältig vorgenommen werden, wie das bei Sachinvestitionen schon lange üblich ist. Die Auswahl der richtigen Leute ist entscheidend. Sie nachträglich entwickeln zu wollen, ist der viel mühsamere Weg.

4.3.7.3 Anreize und Belohnungen

Prioritäten im Wandel können wirksam verständlich gemacht werden, wenn im Rahmen einer lohnwirksamen Beurteilung auf den Wandel bezogene Schwerpunktziele vereinbart werden, die als Grundlage der Beurteilung dienen. Leistungen, die gefordert werden, müssen auch belohnt werden.

Ausserdem sollten folgende Möglichkeiten geprüft werden:

- Gruppenentlöhnung: Die meisten Entlöhnungssysteme berücksichtigen Teamarbeit zuwenig.
- Individualisierung der Entlöhnungssysteme (z.B. Cafeteria-Systeme).
- Mehrfachqualifikationen honorieren, auch wenn in der gegenwärtigen Aufgabe nicht das gesamte Spektrum abgefordert wird.
- Führungserfolg und soziale Kompetenz differenziert messen und belohnen.
- Manager/innen sollen nicht nur an finanziellen Ergebnissen gemessen werden, sondern auch daran, ob sie Nachwuchspotential heranziehen.
- Tendenziell sollte die Erfahrung immer weniger honoriert werden. Je schneller der Wandel, desto schneller wird auch die Berufserfahrung obsolet oder sogar zu einem Hemmfaktor der Veränderung.
- Erfolgsbeteiligung (Mitarbeiteraktien).
- In einer Dialogkultur ist auch eine Beurteilung von unten möglich.

4.3.7.4 Flexible Arbeitszeiten

Gegenwärtig werden flexiblere Arbeitszeitformen mit Wahlmöglichkeiten für die Mitarbeiter/innen intensiv diskutiert. In der Schweizerischen Bundesverwaltung werden Jahres- und Gruppenarbeitszeiten erprobt:

Weitere Ansätze sind:

- das Stufenmodell von Hewlett Packard (Ansparen von freien Stunden/ Tagen/Wochen, vorgezogener Ruhestand)
- sogenannte Sabatticals (längerer Urlaub in der Mitte des Arbeitslebens)

- Karriereunterbrechungsmodelle
- flexible Pensionierung
- Zeit, um an eigenen Projekten zu arbeiten oder eigene Leistung extern anzubieten.

Solche Wahlmöglichkeiten sind Bausteine, damit Wandel flexibler angegangen wird.

4.3.7.5 Attraktive Arbeit

Die Voraussetzung an attraktive Arbeit soll anhand folgender Spirale (siehe *Abbildung 25*) erläutert und auf die Bedeutung der drei "S" hingewiesen werden, die für Spass, Sinn und Spielraum stehen.

Abbildung 25: Voraussetzungen attraktiver Arbeit

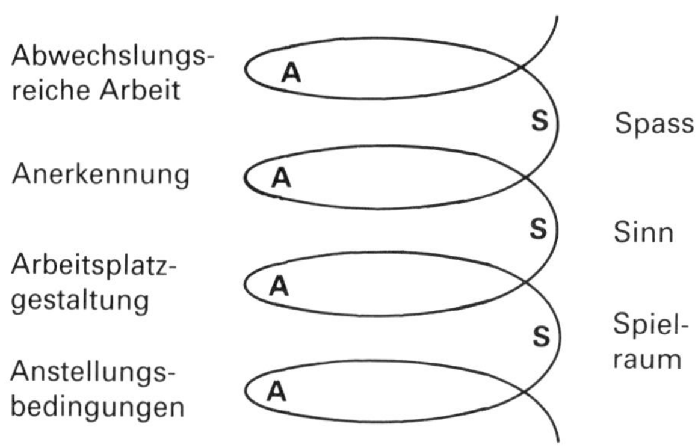

- **Spass:**

  Es sollte das Ziel jedes Unternehmens sein, dass 80 Prozent der Mitarbeiter/innen gerne zur Arbeit kommen. Spass an der Arbeit fördert die Motivation. Wer Spass hat, ist erfolgreicher. Zum Spass gehören:

- lockerer Führungsstil, persönliche Zuwendung
- unkomplizierte persönliche Atmosphäre (zwischenmenschliche Beziehungen, Teamgeist)
- abwechslungsreiche, herausfordernde Aufgaben
- Humor, Erlebnischarakter
- schöpferisches Tun
- spontane Anerkennung
- gemeinsame Erlebnisse (Erfolge feiern, Plauschveranstaltungen).

- **Sinn:**

Wer Leistung fordert, muss Sinn bieten. Wer Sinn sieht, identifiziert und engagiert sich. Sinn schaffen:

- ganzheitliche Aufgaben, Arbeitsformen
- Sinn der Aufgabe sehen (Zusammenhänge, Hintergründe aufzeigen)
- Einfluss nehmen können
- sich mit Zielen und Ergebnissen identifizieren können
- positives Image des Unternehmens am Markt (sinnvolle Produkte, Stolz auf das Unternehmen)
- sich persönlich entwickeln können.

- **Spielraum** beinhaltet:

> - Vertrauen
> - keine einengenden Strukturen und Systeme (wenig Hierarchie, Weisungen, Reglemente)
> - Delegation von Aufgaben und Entscheidungen auf tiefstmögliche Ebene
> - Freiraum für Experimente
> - Arbeitszeitsouveränität, Wahlmöglichkeiten
> - offene Meinungsäusserung
> - Ermutigung/Selbstentwicklung (siehe *Kapitel 4.2.3*).

- **Sicherheit des Arbeitsplatzes:**

  Die Sicherheit des Arbeitsplatzes als Gegenstück zur Verunsicherung im Wandel wird von den Unternehmen wahrscheinlich auch in Zukunft nicht garantiert werden können. Die Vorstellung der Lebensstelle verblasst. Ich kann mir aber gut spiralförmige Entwicklungen innerhalb des Unternehmens vorstellen, wobei je länger je mehr auch Veränderungen auf gleicher Stufe oder auf eine tiefere Stufe möglich sein müssen. Garantiert wird in Zukunft wahrscheinlich nicht mehr die konkrete Funktion, sondern die Beschäftigung im Unternehmen. Arbeitsplatzsicherheit wird zunehmend durch die Erhaltung der Vermittlungsfähigkeit am Arbeitsmarkt ersetzt. Dazu haben Mitarbeiter/innen, aber auch der Arbeitgeber, einen Beitrag zu leisten.

4.5.7.6 Personalentwicklung

Um die Mitarbeiter/innen für den Wandel zu qualifizieren, braucht es in vielen Unternehmen eine eigentliche Personalentwicklungsoffensive. Menschen müssen lernen, umlernen und verlernen. Die Personalentwicklung muss verstärkt auf die geforderte Rollenflexibilität vorbereiten.

Dabei stösst Personalentwicklung immer wieder auch an die Grenzen individuellen Könnens und Wollens. Wo kein Potential vorhanden ist, ist auch keine Entwicklung möglich. Persönlichkeitsmerkmale sind ihrerseits nur längerfristig beeinflussbar. In der Personalentwicklung sehe ich folgende Entwicklungstrends:

- Statt der individuellen Entwicklung dürfte die Unternehmensentwicklung verstärkt betont werden.
- Personalentwicklung hat viel mehr im strategischen und kulturellen Kontext zu erfolgen.
- Statt Denken in Defiziten und Schwächen wird zunehmend auf Stärken aufgebaut.
- Das für das Unternehmen wichtigste Lernen ist dasjenige der Führungskräfte. Das Management muss sich selber auf die Schulbank setzen.
- Ein wichtiger Weg, um Breite und Flexibilität zu fördern ist es, das Repertoire zu erweitern. Je grösser unser Verhaltensspielraum, desto besser sind wir neuen Situationen gewachsen. Neue Verhaltensmöglichkeiten können zum Beispiel in Out-door-Programmen erprobt werden.
- Zukünftige Personalentwicklung orientiert sich vermehrt am Lebenszyklus (Beratung für Laufbahnplanung, Hilfe bei der Bewältigung kritischer Laufbahnphasen, differenzierte Laufbahnmodelle).

• **Inhalte:**

Ein grosser Teil der Aus- und Weiterbildungsmassnahmen bezieht sich auf das Individuum, allenfalls auf die Gruppe, selten auf das Unternehmen. In Zukunft muss die Weiterbildung vermehrt den Wandel unterstützen.

Schlüsselfähigkeiten im Wandel im Sinne von übergreifenden Fähigkeiten (Metaskills) sind:

- lernen zu lernen
- Veränderungsmanagement
- Prozess- und Projektmanagement

- Beratungs- und Coachingfähigkeit
- Persönlichkeitsentwicklung.

  Eine proaktive Lernkultur setzt Mitarbeiter/innen voraus, die bereit sind, sich selbst zu entwickeln. Verhalten kann schwer gelernt werden, aber man kann sich selbst besser kennenlernen. Beiträge zu Selbstkenntnis und Selbstentwicklung können institutionalisierte Reflexionen über die berufliche Situation und Laufbahnberatung sein.

  Noch einen Schritt weiter gehen Coaching und Assessment Center.
- Bei der Förderung der Rollenflexibilität und einer ganzheitlichen Handlungskompetenz geht es darum, Generalistenwissen, soziale und umsetzungsbezogene Kompetenzen ganzheitlich zu entwickeln. Management des Wandels ist eine besonders anspruchsvolle Form der Führung.

Speziell auf die konkrete Thematik des Wandels bezogen sind Workshops mit ganzen Organisationseinheiten, die dazu dienen, auf der Grundlage eines gemeinsamen Verständnisses des Wandels konkrete Umsetzungsmassnahmen und -schritte zu entwickeln und zu vereinbaren.

Abbildung 26: Ganzheitliche Handlungskompetenz

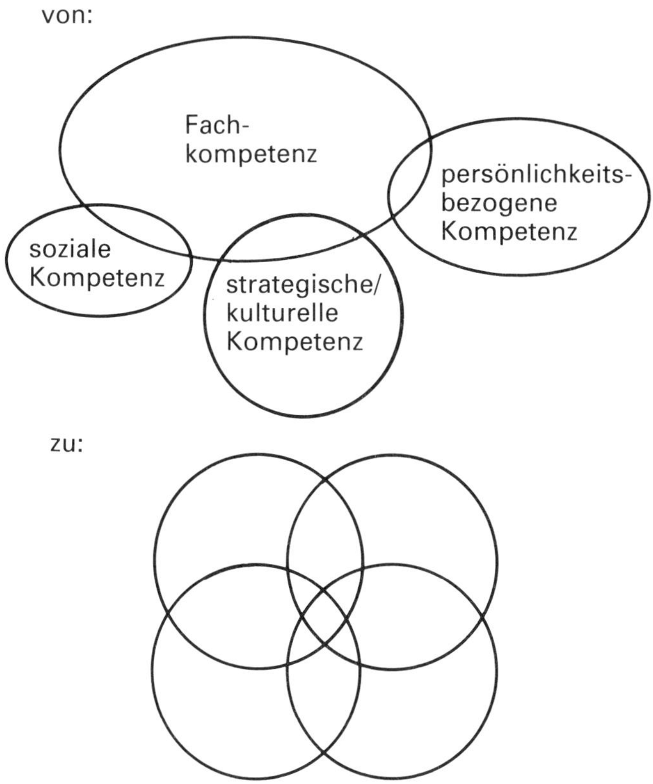

- **Methodik (Workshops, Projekte):**

  Mehr Unternehmensentwicklung bedeutet andere Formen des Lernens mit Schwergewicht auf Workshops und Projektarbeit an konkreten Aufgaben sowie Beratung, Coaching und Lernpartnerschaften.

  Workshops und Projektarbeit, Lernen im Alltagsgeschäft treten vermehrt an die Stelle von Schulungen und Seminaren. Gefragt sind konzentrierte Inputs und anschliessend Arbeit an konkreten Projekten.

Die Personalentwicklung verlagert sich an den Arbeitsplatz und verlangt intensive Prozessberatung und -begleitung. Der Vorgesetzte wird zum Ausbildner.

Im Rahmen der Schulung werden Lernpartnerschaften gebildet. In Gesprächen werden die Fortschritte in den Projekten der Veränderung so lange immer wieder überprüft, bis man sicher ist, dass die Veränderung dauerhaft ist.

Weitere Möglichkeiten sind:

- Ausbildungsfenster
- Lernen von Konkurrenten (Benchmarking)
- Austauschmöglichkeit mit anderen Unternehmen und Universitäten
- Vorgabe von Lerntagen
- umsetzungsbezogene Unternehmensspiele
- institutionalisierte Feedback-Prozesse.

- **Ausbrennen und innere Kündigung verhindern:**

Schneller Wandel mit allen damit verbundenen Belastungen wird vermutlich die Aktualität des Ausbrennens verstärken. Ausmass und Kosten der inneren Kündigung werden meist massiv unterschätzt.

Langfristig muss der Akzent auf Präventivmassnahmen liegen, die verhindern, dass es zur inneren Kündigung kommt. Massnahmenansätze sind:

- Mentalität fördern, wonach jeder grundsätzlich bis zur Pensionierung entwicklungsfähig bleibt
- innerbetriebliche Mobilität auch bei älteren Mitarbeitern/innen
- Statusdenken reduzieren
- Bereitschaft des einzelnen, neue Aufgaben zu übernehmen und sich weiterzubilden
- Laufbahnberatung und spezielle Betreuung
- intensive Beratung in Stressituationen
- Gesundheitsberatung
- Mitarbeiterbefragungen.

5. Design for Change

5.1 Feststellen, wo man steht (Diagnose)

5.1.1 Entwicklungsstand des Unternehmens

Wandel ist immer betriebsspezifisch unterschiedlich anzugehen. Es gibt keine allgemeingültigen Rezepte. Wandel ist auch nicht in jeder Beziehung planbar. Diese Einschränkungen gelten auch für die Prognose organisatorischen Wandels sowie die ersten Umsetzungsschritte, die im folgenden Teil beschrieben werden.

Bevor das konkrete Design des Wandels angegangen werden kann, sind drei Fragen zu beantworten:

- Welches ist der Entwicklungsstand des Unternehmens gemessen an Strategie, Kultur, Struktur und Human Resources?
- Was kennzeichnet den bevorstehenden Wandel?
- Wie veränderungsbereit erscheint die Organisation?

Der Entwicklungsstand des Unternehmens lässt sich anhand des Dreiecks von Strategie, Kultur, Struktur/Systeme und Human Resources darstellen (siehe *Abbildung 27*).

Abbildung 27: Unternehmensbeurteilung

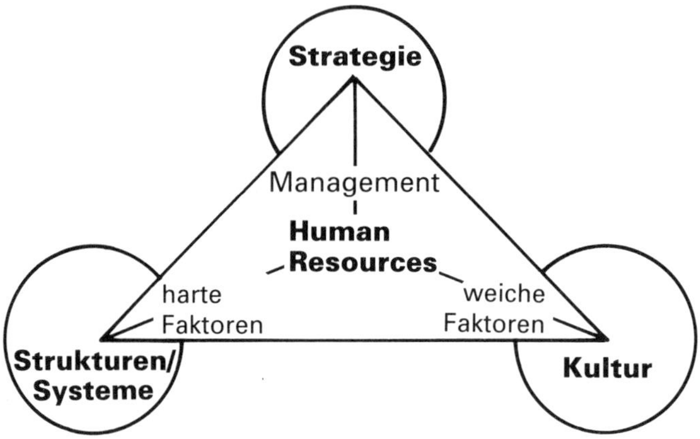

Kriterien zu den einzelnen Elementen sind:	
Strategie - strategisches Denken - Strategieentwicklung - Realisierungspotential	
Unternehmenskultur - homogene Werte im obersten Management - übereinstimmende Grundwerte im ganzen Unternehmen - Harmonie von Strategie und Kultur - stark ausgeprägte	 Kundenorientierung Effizienz Qualität Innovation
- Offenheit der Kultur	

Strukturen/Systeme
• *Strukturen* - geringe Statusunterschiede, wenig Hierarchie, flache Struktur - dezentrale Organisation, Delegation - breite Aufgabengebiete, wenig Spezialisierung - viel temporäre Strukturen - Ausnützen von Verflechtungspotentialen • *Systeme* - in wichtigen Bereichen hochentwickelte Führungsinstrumente - unbürokratisch - flexible Planung - klare Standards - Management by Objectives - konstruktives Controlling
Human Resources
• *Management* - gutes Managementpotential - Managementreview - Teamfähigkeit • *Harte Faktoren* - modernes Human Resources-Management - aufeinander abgestimmte Systeme - Potentialerfassung und -entwicklung - Personalentwicklung - Beteiligung der Mitarbeiter am Erfolg - Mitarbeiterorientierung • *Weiche Faktoren* - Führungsstil - Vertrauen - Kommunikation - Spielraum - Dialog, Partnerschaft - Betriebsklima

Die Ausprägungen der Werte werden im Sinne eines Self Assessments mit spezifischen Fragebogen erfasst. Bei der Beurteilung interessieren sowohl der gesamte Reifegrad als auch, wie die einzelnen Elemente aufeinander abgestimmt sind. So nützt zum Beispiel ein hoher Wert im strategischen Bereich wenig, wenn die Werte in den andern Bereichen dem nicht entsprechen.

5.1.2 Charakteristik des Wandels

Das Unternehmen, wie es sich in der Ist-Aufnahme darstellt, wird mit einem Wandel konfrontiert, der durch seine Tiefe, die zeitliche Dimension und das Risiko, das er beinhaltet, charakterisiert ist (siehe *Abbildung 28*).

Abbildung 28: Das Risiko des Wandels abschätzen

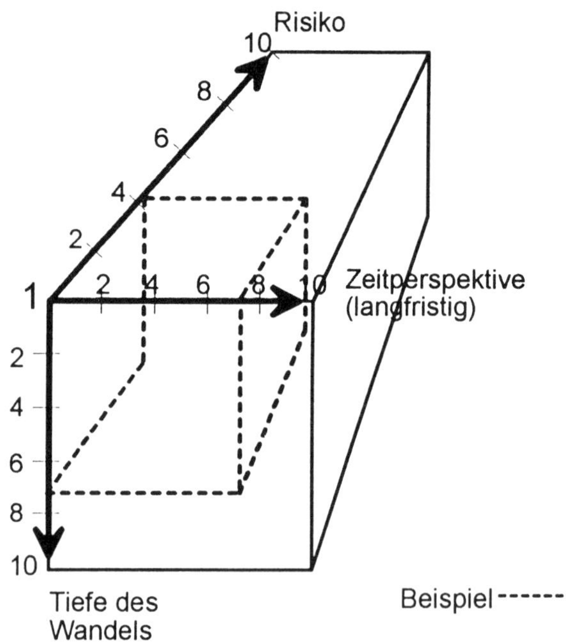

Je nach Entwicklungsstand und Veränderungsbereitchaft des Unternehmens, wird es imstande sein, auch tiefgreifenderen und langfristigeren Wandel mit hohem Risiko besser oder weniger gut zu verkraften.

5.1.3 Veränderungsbereitschaft

Die Ist-Aufnahme wäre unvollständig, wenn die Veränderungsbereitschaft nicht berücksichtigt würde.

Erste Anhaltspunkte zur Mentalität gegenüber dem Wandel gibt der Fragebogen "Wandel" (siehe *Abbildung 29*).

Im weiteren stellen sich folgende Fragen:

Wie gross sind die Gruppen von Mitarbeitern/innen, die bewegen wollen, die sich bewegen lassen und die nicht zu bewegen sind?

Welches sind die hemmenden und fördernden Kräfte jedes Mitarbeitersegmentes? Wer wird von den Veränderungen wie betroffen? Für wen ist der Wandel attraktiv? Für wen nicht? Wo ist Unterstützung, wo Widerstand zu erwarten? Wird Wandel als Chance oder als Bedrohung empfunden? Was sind die Gründe? Wie viel Vertrauen ist vorhanden? Wie reif sind die Führungskräfte und die Mitarbeiter für den Wandel?

Abbildung 29: Fragebogen "Wandel"

	stimmt völlig	stimmt	stimmt weitgehend	stimmt etwas	stimmt eher nicht	stimmt weitgehend nicht	stimmt überhaupt nicht
	7	6	5	4	3	2	1
1. Viele Vorgesetzte und Mitarbeiter/innen zeichnen sich durch eine grosse Experimentierbereitschaft aus.	❑	❑	❑	❑	❑	❑	❑
2. In den letzten Jahren wurde eine Reihe von wichtigen Veränderungen erfolgreich bewältigt.	❑	❑	❑	❑	❑	❑	❑
3. Bei uns wird auch Bewährtes immer wieder in Frage gestellt.	❑	❑	❑	❑	❑	❑	❑
4. Bei uns gibt es ein Klima, das den Wandel fördert.	❑	❑	❑	❑	❑	❑	❑
5. Es gibt klare Ziele und eine klare Wertordnung.	❑	❑	❑	❑	❑	❑	❑
6. Strategische Projekte werden mit grosser Kraft umgesetzt.	❑	❑	❑	❑	❑	❑	❑
7. Die Führungskräfte engagieren sich überdurchschnittlich.	❑	❑	❑	❑	❑	❑	❑
8. Bei uns ist eine gesunde Risikobereitschaft vorhanden.	❑	❑	❑	❑	❑	❑	❑
9. Vertrauen kennzeichnet den Führungsstil.	❑	❑	❑	❑	❑	❑	❑
10. Die Mitarbeiter/innen haben viel Freiraum.	❑	❑	❑	❑	❑	❑	❑
11. Die Mitarbeiter/innen entwickeln viel Eigeninitiative.	❑	❑	❑	❑	❑	❑	❑
12. Offenheit und Dialog kennzeichnen die Kommunikation nach innen und aussen.	❑	❑	❑	❑	❑	❑	❑
13. Das Sicherheitsdenken ist wenig ausgeprägt. Fehler machen ist gestattet, wenn man etwas Neues ausprobiert.	❑	❑	❑	❑	❑	❑	❑
14. Auf Veränderungen im Umfeld wird flexibel reagiert.	❑	❑	❑	❑	❑	❑	❑
15. Flexible Strukturen und Systeme erlauben es, rasch und effizient zu handeln.	❑	❑	❑	❑	❑	❑	❑
16. «Heilige Kühe» und «Killerphrasen» gibt es nicht.	❑	❑	❑	❑	❑	❑	❑
17. Die Mitarbeiter/innen werden systematisch weiterentwickelt und gefördert.	❑	❑	❑	❑	❑	❑	❑
18. Die Dienstleistungsmentalität ist ausgeprägt.	❑	❑	❑	❑	❑	❑	❑
19. Bei uns wird mehr gehandelt als bürokratisch vorgegangen.	❑	❑	❑	❑	❑	❑	❑
20. Unkonventionellen Ideen/Leuten gegenüber ist man aufgeschlossen.	❑	❑	❑	❑	❑	❑	❑

Zusammenfassung

Die Zusammenfassung aus der Ist-Analyse bildet die Gegenüberstellung der wichtigsten hemmenden und fördernden Kräfte. In einem konkreten Beispiel waren dies

hemmend	*fördernd*
- keine klare Vision - Widerstand eines Bereichsleiters/in und der Direktunterstellten - wenig echte Dynamik - ausgeprägtes Besitzstandsdenken - zum Teil überforderte Führungskräfte - hohes Risiko des Wandels	- starker Leidensdruck - Attraktivität für einzelne Mitarbeiter/innengruppen - partnerschaftliche Führung - modernes Human Resources-Management - unterstützendes Entlöhnungssystem - flache Strukturen - überdurchschnittliches Engagement der Führungskräfte

Daraus ergibt sich die Frage, wie die helfenden Kräfte genutzt und die hemmenden "umgedreht" werden können (siehe *Abbildung 30*).

5.2 Grundlegende Fragen

Bevor in einem Management-Workshop eine gemeinsame Überzeugung über die Notwendigkeit des Wandels gewonnen wird und die Leitplanken für den Wandel festgelegt werden, sind ein paar grundsätzliche Fragen zu überlegen:

- **Mit wem?** (siehe *Kapitel 4.3.1*)

Abbildung 30: Widerstände und Veränderungskräfte

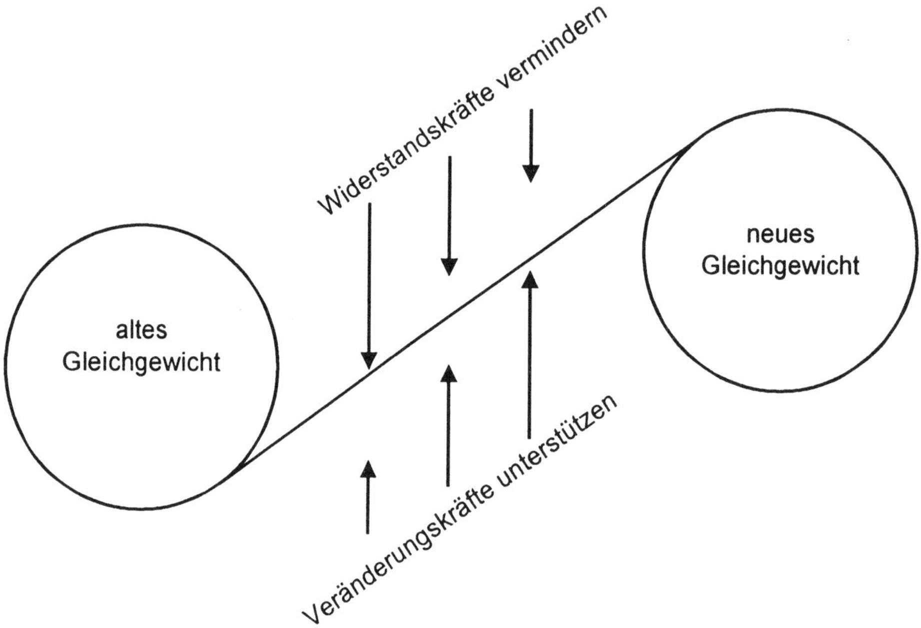

Abbildung 31: Phasen der Entwicklung

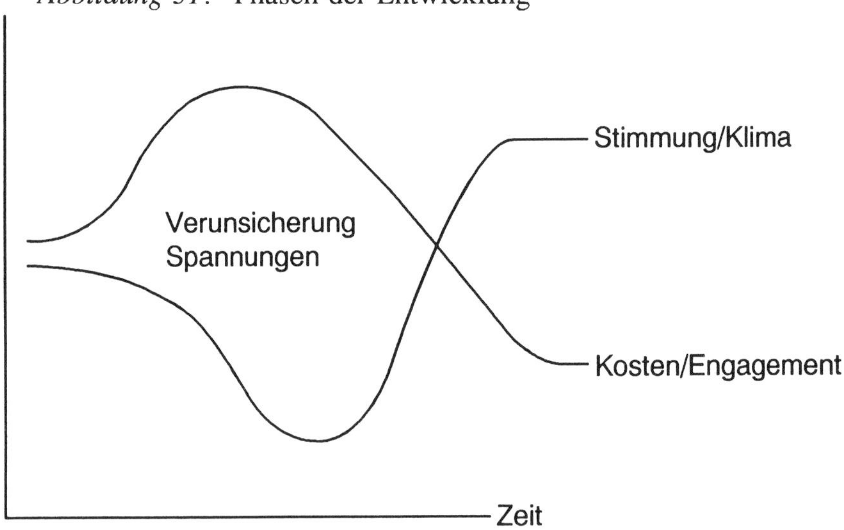

- **Wie viel?**

  Zeiten des Wandels sind Zeiten der Versunsicherung, Spannungen, Krisen. Veränderungen machen eine Organisation labil. Kosten und Engagement stehen während der "Rüttelstrecke" der Veränderung sozusagen in umgekehrtem Verhältnis zu Stimmung und Klima (siehe *Abbildung 31*).

  Zu viel Wandel macht Angst und wirkt lähmend. Bei zu wenig Wandel wird die Bedeutung der Veränderung nicht klar.

  Daraus lassen sich folgende Grundsätze ableiten:

  - Nur so viel Wandel, wie unbedingt nötig. Die Notwendigkeit des Wandels muss bewiesen werden.
  - Wandel muss sich in einer bestimmten Bandbreite bewegen, sonst wird die Bedeutung nicht klar bzw. er macht zu viel Angst.
  - Nach Veränderungsphasen braucht es Konsolidierungsphasen.

- **Wie schnell?**

  Wie schnell Wandel erfolgen kann, hängt von der Veränderungsbereitschaft und der Art des Wandels ab. Das Timing wird entscheidend davon beeinflusst, ob der Wandel als Chance oder als Bedrohung empfunden wird.

Veränderungen vollziehen sich in Phasen und unterliegen Lebenszyklen (siehe *Kapitel 2.3*).

Das Innovationstempo muss dem Unternehmen angepasst sein. Es gilt, die Balance zwischen Bewahren und Wandel zu finden. Wandel ist mit Verunsicherung verbunden. Die Verunsicherungsphasen sollten möglichst kurz gehalten werden, sonst treten leicht unvorhersehbare Reaktionen und Gerüchte auf.

Die Veränderungsschritte dürfen weder zu gross noch zu klein sein. Bei zu grossen Schritten sind Abwehrreaktionen zu erwarten. Kleine Schritte bringen nichts und setzen zuwenig klare Signale des Wandels. Die Veränderungen müssen einschneidend genug sein, um Wandel sichtbar zu machen. Nach meiner Erfahrung lohnt es sich, in der Vorbereitung des Wandels langsamer und unter Einbezug möglichst vieler Mitarbeiter/innen vorzugehen, aber dann in der Implementierungsphase schnell und konzentriert zu handeln. Beteiligung in der Konzeptphase mindert Widerstände in der Umsetzungsphase.

Eventuell können auch unterschiedliche Geschwindigkeiten in verschiedenen Bereichen oder Ländern notwendig sein. Veränderungsprozesse brauchen in der Regel mehr Zeit, als ursprünglich angenommen.

Die ersten Schritte sind von entscheidender Bedeutung. Sind sie erfolgreich, ist der Boden für weitere Veränderungen geebnet. Der Wandel muss sorgfältig dosiert werden. Die Amerikaner sagen: Think big, start small. Der erste Schritt muss machbar erscheinen. Schrittweises Vorgehen auf überschaubare Teilziele hin, ist erfolgversprechender als weitreichende Ziele, die zwar wünschenswert sind, aber kaum je erreicht werden. Überblickbare Entwicklungsschritte sollten einander in rascher Folge ablösen.

So oder so braucht Wandel Zeit, Geduld und Hartnäckigkeit. Der Schlüssel im Wandel ist das konsequente Durchziehen.

5.3 Top-Workshop

Das Design for Change wird im folgenden nach der Ist-Aufnahme in fünf Schritte gemäss *Abbildung 32* gegliedert.

Es hat sich bewährt, mit einem Management-Workshop zu beginnen. Ziel eines solchen Workshops ist es, eine gemeinsame Überzeugung über die Notwendigkeit des Wandels zu gewinnen und die Leitplanken für den Wandel festzulegen.

Abbildung 32: Design for Change

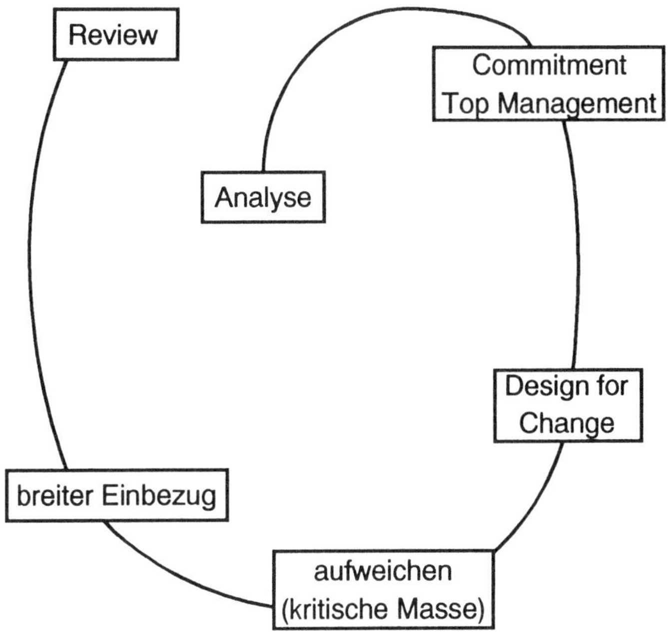

Inhaltlich stehen folgende Ziele und Fragen im Vordergrund:

- eine Vision des Wandels entwickeln
- Sensibilität und Akzeptanz für den Wandel gewinnen
- unterschiedliche Vorstellungen ausdiskutieren
- Erfolgsfaktoren des Wandels kennenlernen
- aufgrund der Ist-Aufnahme die Vorgehensmöglichkeiten diskutieren
- sorgfältig überlegen, welcher Wandel angegangen werden **muss**, das heisst, was belassen werden kann und was verändert werden muss
- Erfassen und Interpretation der Veränderungsmöglichkeiten – eventuell Simulation verschiedener Möglichkeiten
- grobe Leitplanken und Schwerpunkte, erste Meilensteine und Standards festlegen, verbindliche Umsetzungsplanung
- erste Bausteine zur Brücke der Veränderung definieren
- dem Projekt einen Namen geben
- erste personelle Vorstellungen entwickeln
- Einführungsstil vereinbaren
- Abstimmung mit anderen Projekten.

5.4 Design for Change

Bereits im Rahmen des Top-Workshops wird der grobe Gang des Wandels entworfen. Im Rahmen des Design for Change geht es darum, die Kräfte zu konzentrieren und die konkreten Interventionen zu planen.

5.4.1 Konzentration der Kräfte

Die meist beschränkten Mittel zwingen dazu, die vorhandenen Mittel und Kräfte in der Umsetzung zu konzentrieren, das heisst:

- **Fokus auf überschaubare Schwerpunkte**

  In der Vorbereitungsphase sollte das Blickfeld möglichst breit sein. In der Umsetzung braucht es aber Fokussierung, Konzentration auf Angelpunkte, um Verzettelung zu vermeiden, das heisst:

  - klare Meilensteine setzen
  - Schlüsselprojekten Priorität geben
  - die Botschaften auf den wesentlichen Kern reduzieren
  - erste Transfermassnahmen festlegen (Aktionen des Managements)
  - ein Kommunikationsprogramm skizzieren
  - festlegen, wie Erfolg gemessen werden soll.

- **Auf Stärken aufbauen**

  Auf Stärken aufzubauen, ist erfolgversprechender als Schwächen zu eliminieren. Von den Stärken und Potentialen im Unternehmen auszugehen, ist ungleich effizienter als bei den Schwachstellen anzusetzen.

5.4.2 Interventionen planen

Zur Planung der Interventionen gehören ein ganzheitliches Vorgehen und indirekte Steuerungsformen, aber auch die nötigen Voraussetzungen zu gestalten, ein professionelles Projektmanagement einzurichten und ein sorgfältiges Timing.

- **Ganzheitliches Vorgehen:**

  Wandel kann nicht eindimensional angegangen werden. Nur die Struktur zu verändern, wird zum Beispiel kaum genügen. Es braucht den Einbezug der in *Kapitel 4* dargestellten Module der Brücke der Veränderung in einer betriebsspezifischen Zusammensetzung. Ein Element zu Lasten der andern zu maximieren, bringt nichts. Die Einwirkungsmöglichkeiten sind sorgfältig abzuklären. Lenkbare und nichtlenkbare Faktoren sind auseinanderzuhalten und auch die Nebenwirkungen zu beachten.

Wandel geschieht von oben und von unten sowie über Inseln der Veränderung. Der harmonische Wandel wird durch ein enges Zusammenspiel von "oben nach unten" und "von unten nach oben" geprägt (siehe *Abbildung 33*).

Abbildung 33: Wandel von verschiedenen Seiten

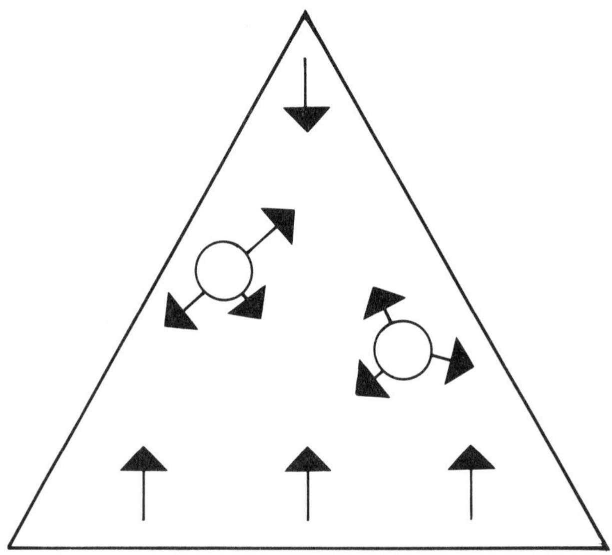

Ganzheitliches Vorgehen heisst, von verschiedenen Seiten Impulse setzen, die Selbstorganisation unterstützen und Voraussetzungen für Veränderungsprozesse schaffen.

- **Doppelte Lernschritte:**

Der doppelte Lernschritt fügt den üblichen Abläufen eine weitere Dimension an (siehe *Abbildung 34*). Die Hypothesen werden bewusst reflektiert. Aufgrund der Erfahrungen werden auch Werte und Ziele in Frage gestellt. Vor allem wird auch das Lernen an sich thematisiert (das sog. "double-loop-learning" basiert auf Ch. ARGYRIS).

Abbildung 34: Lernmotoren

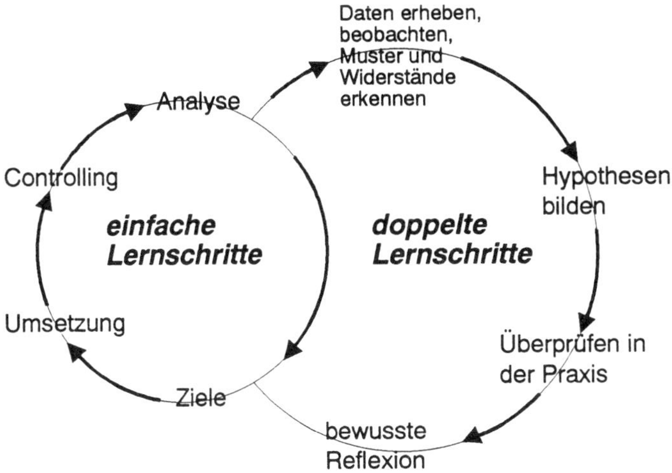

5.5 Kritische Masse gewinnen

In dieser Phase werden die Veränderungsmassnahmen im kleinen Kreise beziehungsweise in ausgewählten Einheiten vorbereitet und erprobt. Ziel ist es, eine "kritische Masse" für den Wandel zu gewinnen. Die kritische Masse ist erreicht, wenn die Zahl der an einem Prozess Beteiligten so gross geworden ist, dass der Prozess irreversibel wird. Die kritische Masse ist in jedem Fall anders anzusetzen. Sie entspricht aber sicher deutlich weniger als der Hälfte der Mitarbeiter, wenn die richtigen Leute einbezogen sind. In einer ersten Phase ist darauf hinzuarbeiten, diese kritische Masse zu erreichen.

Wie weiter vorn beschrieben, ist ein zielgruppenspezifisches Vorgehen, das primär bei denjenigen ansetzt, die etwas verändern wollen, angezeigt. Vorerst sollten die Änderungsbereiten und Engagierten angesprochen werden. Es sollte als Auszeichnung empfunden werden, mitwirken zu können.

Die beiden anderen Segmente, diejenigen, die sich gegen den Wandel sträuben und die vielen, die lieber noch zuwarten, werden in dieser Phase noch nicht einbezogen. Eventuell können wichtige positiv kritische Personen innerhalb festgelegter Grenzen beteiligt und mit besonderen Aufgaben im Rahmen der Veränderung betraut werden. Negative sind eher zu neutralisieren. Gegen sie anzukämpfen, lohnt sich in dieser Phase nicht.

Eine "kritische Masse gewinnen" heisst weiter zum Beispiel im Sinne von *Kapitel 4*:

- die Führungskräfte zu sensibilisieren,
- Verbündete suchen,
- symbolische Handlungen zu setzen,
- auf vielfältige Weise sensibilisieren (siehe *Kapitel 4.2.2.3*),
- einen Rahmen schaffen und
- erste erfolgreiche Modelle herauszustellen.

5.6 Schneeballeffekt erzeugen

In dieser Phase wird der Wandel auf eine breite Grundlage gestellt. Alle Mitarbeiter/innen werden einbezogen. Im Sinne einer Auftaktveranstaltung haben sich gerade für grössere Projekte und Mitarbeiterzahlen Kommunikationsmärkte und spezielle Workshops bewährt. Neben konkreten Aktionen kommen verschiedene der weiter vorn beschriebenen Module zum Tragen, wie zum Beispiel:

- auf Widerstände und Ängste eingehen
- Veränderungsmentalität erzeugen

- umfassende Information und Dialog
- Leidensdruck spürbar machen
- unterstützende laufende Impulse, Coaching
- Entwicklung von Kernkompetenzen
- symbolische Handlungen
- schnelles Feedback
- Erfolge, Leistungen sichtbar machen und sie mit Lob verstärken
- Multiplikation guter Beispiele.

Es braucht nun auch den notwendigen Rahmen für den Wandel wie zum Beispiel führungsbezogene Voraussetzungen (Qualifizierung und Coaching der Multiplikatoren und Führungskräfte) und motivierende konsistente Rahmenbedingungen (Strukturen, Systeme, Human Resources-Management-Programme).

Die grosse Masse lässt sich bewegen, wenn sie sieht, dass Veränderungen erfolgreich sind. Dann kann relativ rasch ein Kippeffekt erreicht werden.

5.7 Systematische Standortbestimmungen

Im Wandel sind Instrumente zu entwickeln, um den Prozess der Veränderung verfolgen zu können.

Wandel sollte durch kontinuierliche Beobachtung der Veränderung aus nächster Nähe begleitet werden, so dass Widerstände laufend erkannt und einbezogen werden können. Wandel braucht ausserdem institutionalisierte Standortbestimmung wie

- Erfolgsmessung an jedem Meilenstein
- regelmässige Umfragen
- systematische Reviews
- Feedback-Prozesse.

Regelmässiges Bilanzieren der Erfolgsfortschritte dient dazu, dass der Wandel präsent bleibt und schliesslich als Selbstverständlichkeit ins Denken jedes einzelnen übergeht.

Immer wieder sind die Fragen gemäss *Abbildung 35* zu stellen.

Abbildung 35: Check-Fragen Change

- Ist Vision und sind Prioritäten klar?
- Wie kann das Commitment der Geschäftsleitung gesichert werden?
- Wie schnell wie viel Wandel?
- Wer sind die Unterstützer?
- Wie können die Mitarbeiter sensibilisiert werden?
- Welches sind mögliche Sofortmassnahmen?
- Welche Rahmenbedingungen müssen geschaffen werden (Strukturen, Systeme, Anreize usw.)?
- Wie können die Mitarbeiter einbezogen werden?
- Wie werden die Botschaften kommuniziert?
- Welche symbolischen Handlungen können unterstützen?
- Welche Hypothesen sind zu überprüfen?
- Welche Meilensteine/Reviews sind vorgesehen?

Wandel lebt von den vielen alltäglichen Verbesserungen.

6. Beispiele

Ein paar Beispiele sollen Vorgehensmöglichkeiten in konkreten Praxisfällen aufzeigen.

6.1 Zusammenschlüsse[1]

In den letzten Jahren waren Zusammenschlüsse in ihren vielfältigen Facetten häufig. Besonders anspruchsvoll sind Zusammenschlüsse von Unternehmen über Kulturkreise oder Branchen hinweg. Einen Sonderfall dürften die Übernahmen von Unternehmen in der ehemaligen DDR darstellen. Auch da bestätigt sich vielfach die alte Erfahrung, dass sich Werte und Vorgehensweisen, die "zu Hause" Erfolg brachten, nur bedingt auf fremde Verhältnisse übertragen lassen.

Nach verschiedenen amerikanischen Studien sind weniger als die Hälfte aller Zusammenschlüsse erfolgreich. Viele Unternehmensehen werden schon bald wieder getrennt oder geschieden.

Die Gründe für Misserfolge sind oft im kulturellen und mitarbeiterbezogenen Bereich zu suchen.

Von Misserfolgen spricht niemand gern, und wenn überhaupt, werden sie sachlich erklärt (Marktschwierigkeiten usw.). Gelegentlich gibt jemand zu, dass die Synergieeffekte massiv überschätzt wurden. Die tieferen kulturellen und menschlichen Ursachen, die die Zusammenschlüsse scheitern liessen, werden selten richtig erkannt und angesprochen. Wahrscheinlich ist es nicht übertrieben zu behaupten, dass viele Zusammenschlüsse nicht auf der Sachebene, sondern an der Unvereinbarkeit verschiedener Kulturen gescheitert sind.

---

1 Auf der Grundlage von J.-M. KOBI: Humanpotential und Unternehmenskultur: Die entscheidenden Faktoren bei Zusammenschlüssen, Personalführung 6/92, 448 ff.

Die kulturelle Dimension wird oft unterschätzt.

Obwohl verbal Einigkeit über die Bedeutung der Unternehmenskultur im Rahmen der Integration signalisiert wird, wird sie selten konsequent berücksichtigt.

Anders als die finanziellen, technologischen und marktbezogenen Aspekte werden bei Zusammenschlüssen die Kulturen selten näher untersucht. Für Unternehmensbewertungen bestehen ausgeklügelte Verfahren. Sie berücksichtigen aber nur das direkt Quantifizierbare.

Formelle organisatorische Änderungen oder ein neues Corporate-Design sind schnell veranlasst. Mit den dahinterstehenden Normen und Werten tun sich dagegen die meisten Unternehmen wesentlich schwerer. Unter dem Vorwand des drängenden Tagesgeschäftes "vergessen" sie, dass jeder Zusammenschluss zuerst einmal kulturell Gewachsenes aufbricht. Langjährige Traditionen werden gedankenlos niedergewalzt, statt dass man die fremde Kultur zu verstehen versucht. Damit werden auch Identifikation und Motivation gefährdet, in gewissen Fällen kann ein Kulturschock die Folge sein.

Erfahrungen mit Zusammenschlüssen zeigen:

- Es lohnt sich, rechtzeitig Kulturen auf ihre Verträglichkeit zu prüfen. Zusammenschlüsse sind erfolgreicher, wenn man sich der kulturellen Unterschiede von Anfang an bewusst ist, die verschiedenen kulturellen Voraussetzungen beachtet und sie im täglichen Führungshandeln miteinbezieht.
- Wichtiger als sich ergänzende Produkte ist allemal, dass die Unternehmen in ihren Denkweisen zusammenwachsen. Wahrscheinlich lassen sich hier mehr Synergien erzeugen als in den technologischen oder marktbezogenen Bereichen.
- Das analytische Modell bedarf dort der Ergänzung, wo qualitative Strukturen ausschlaggebend sind. Zum physischen Wandel muss der geistige Wandel kommen. Neben dem Kopf muss das Herz angesprochen, müssen Gefühle einbezogen werden.

Mitarbeiter/innenpotential und -identifikation sind entscheidend.

Auch die mitarbeiterbezogenen Gesichtspunkte fanden bisher sowohl in der Bewertungsphase wie in der Umsetzungsphase wenig Beachtung.

Oft wird mit den neuen Partnern lieblos umgegangen bzw. die eigene Kultur dem neuen Partner "übergestülpt". Dieses Verhalten verstärkt die ohnehin vorhandene Verunsicherung. Die Menschen im Unternehmen fühlen sich zu Recht als bedeutungslose Rädchen, über die verfügt wird. Ihre Identifikation schwindet. Gute Leute verlassen das Unternehmen, andere künden innerlich. Um dies zu vermeiden, lohnt es sich, sich über folgende Fragen klar zu werden:

- Welches sind die Hoffnungen und Ängste der Mitarbeiter/innen?
- Welches Mitarbeiter/innenpotential ist im Unternehmen vorhanden und wie kann es entwickelt werden?
- Wie lässt sich die Identifikation auf das neue Unternehmen übertragen?

Nach einem Zusammenschluss geht es darum, den Mitarbeitern/innen Halt und Sicherheit zu geben und das menschliche Potential zu bewahren.

Die kulturellen und mitarbeiterbezogenen Gesichtspunkte müssen auf vielfältige Weise berücksichtigt werden.

Aufgrund von Erfahrungen sind sechs Punkte besonders wichtig. Sie werden im folgenden kurz erläutert und durch ein Praxisbeispiel ergänzt.

Zentrale kulturelle und mitarbeiterbezogene Gesichtspunkte bei Zusammenschlüssen

1. Nur wer die Unternehmenskultur und das vorhandene Human-Potential kennt, kann sie bewusst einbeziehen.
2. Wenn die Mitarbeiter/innen Ziel und Sinn eines Zusammenschlusses nicht verstehen, werden sie sich auch nicht dafür engagieren.
3. Die Auswahl der Schlüsselpersonen, die die Kultur mittragen können, ist entscheidend.
4. Es geht darum, Verständnisbrücken zu bauen.
5. Ein offener Dialog schafft Vertrauen.
6. Der Rahmen ist bewusst zu gestalten.

1. Die aktuelle Kultur verstehen und sich des menschlichen Potentials bewusst werden

Bereits im Vorfeld eines Zusammenschlusses sind Kultur und menschliches Potential sorgfältig zu untersuchen. Diese Analyse leistet einerseits einen unerlässlichen Beitrag zur Unternehmensbewertung und legt anderseits die Grundlage für ein problemloseres Zusammengehen. Sie befasst sich sowohl mit den Werten und Denkweisen im Unternehmen (Unternehmenskultur) als auch mit dem Potential der vorhandenen Human Resources.

Mit Hilfe einer **Unternehmenskulturdiagnose** können die zwei zu integrierenden Kulturen in ihren unterschiedlichen Ausprägungen diagnostiziert werden. Sie schafft eine objektive Grundlage für den Dialog und trägt zu gegenseitiger Kenntnis und gegenseitigem Verständnis bei. Ängste, Widerstände und Konflikte, aber auch fördernde Kräfte, werden sichtbar. Die Probleme und Identifikationsdefizite kommen auf den Tisch und werden damit diskutierbar. Es kann eine Integrationsdramaturgie entwickelt werden, die die zwei Kulturen wesentlich verträglicher zu einer produktiven Gemeinschaft zusammenführt.

Die fremde Kultur kennen und verstehen lernen, ist der erste Schritt; einen gemeinsamen Weg im kulturellen Lernprozess suchen der nächste. Es sollte nie darum gehen, die eigene Kultur durchzusetzen, sondern vielmehr zu fragen, was man selber von der andern Kultur lernen kann, um dann gemeinsam zu wachsen. In der Psychologie würde man das Koevolution nennen.

Im Bereich der **Human Resources** stehen folgende Fragen im Mittelpunkt:

- Welche Stärken und Schwächen sind im Human Resources-Bereich festzustellen?
- Wie sind die Schlüsselbereiche quantitativ und qualitativ zu bewerten (Human Resources-Portfolio)?
- Wie steht es mit dem Potential an Führungskräften?

2. Gemeinsame Ziele klar aufzeigen

Jeder Zusammenschluss bewirkt Unsicherheiten. In einer solchen Situation ist es dringend, so schnell wie möglich wieder klare Verhältnisse zu schaffen. Je kürzer die Unsicherheitsphase, desto besser. ABB ist ein gutes Beispiel für schnelles und entschlossenes Handeln in der ersten Phase des Zusammenschlusses.

Die Mitarbeiter/innen wollen wissen, welche Beweggründe hinter dem Zusammenschluss stehen und welche gemeinsamen Ziele in Zukunft verfolgt werden. Sie möchten ihren eigenen Platz im Unternehmen und ihre Chancen kennen.

Im Idealfall formulieren die Führungskräfte beider Unternehmen gemeinsam die strategischen Ziele, die dann klar kommuniziert und konsequent umgesetzt werden.

3. Kulturmitträger finden

Die Schlüsselpersonen spielen bei jedem Zusammenschluss die entscheidende Rolle. Es lohnt sich, sorgfältig die richtigen Leute auszuwählen, die es verstehen, die Mitarbeiter/innen für die gemeinsame Vision zu begeistern und in ständigem Dialog Sinn zu vermitteln.

Anschliessend sind die menschlichen Ressourcen auf breiter Basis mit einem strategiebezogenen Ansatz zu ermitteln (z.B. mit dem bewährten Human Resources-Audit). Wichtig ist, dass konkrete Massnahmen abgeleitet und den Mitarbeitern Sicherheit und Perspektiven gegeben werden. Oft kann mehr unentwickeltes Potential und Bereitschaft mitzuziehen festgestellt werden, als vorerst angenommen wurde.

4. Verständnisbrücken bauen

Jeder Zusammenschluss löst Ängste, Befürchtungen, vielleicht auch Widerstände aus. Sie gilt es zu erkennen und ihnen mit geeigneten Mitteln zu begegnen. Immer ist auch aus strategischer Sicht zu prüfen, ob es nicht sinnvoller ist, Subkulturen bewusst bestehen zu lassen, statt sie um einen zu hohen Preis anzupassen.

Dem "Tod" eines Unternehmens folgt ganz natürlich eine Trauerphase, in der wenig Neues entsteht. Nur wer seine Trauerarbeit leistet, ist wieder für Neues offen.

"Trauerrituale" und vor allem der konsequente Ausbau einer offenen Kommunikation können helfen, die Trauer zu verarbeiten und über den "Verlust" hinwegzukommen.

Insbesondere wo nicht schon spezifische Erfahrungen und Know-how vorhanden sind, wird eine externe Begleitung im Sinne eines Coaching durch einen erfahrenen Berater/in im Implementierungsprozess angezeigt sein.

5. Einen offenen Dialog führen

Häufig kommentieren befragte Mitarbeiter/innen Zusammenschlüsse so:

- "Mir sind Sinn und strategische Stossrichtungen des Zusammenschlusses nicht klar."

- "Ich sehe keine Vorteile."
- "Die Macht ist beim Partner konzentriert."

Ein sorgfältig geplantes Kommunikationsprogramm hilft, einen offenen Dialog zu gestalten. Die Betonung liegt auf Dialog und das ist wesentlich mehr als reine Information. Das Management hat nicht nur die Verpflichtung, sondern ein massives Interesse an Diskussion und Austausch. Absolute Offenheit baut Verunsicherung, falsche Vorstellungen und Ängste ab und überzeugt durch Glaubwürdigkeit. Die oberste Führungsmannschaft muss präsent sein und viel Zeit investieren, damit Sinn und Chancen des Zusammenschlusses verstanden und Vertrauen aufgebaut wird. In der Erarbeitung strategischer Szenarien und konkreter Problemlösungen sollten die Beteiligten möglichst weitgehend einbezogen werden.

6. Den Rahmen bewusst gestalten

Vielfältig sind schliesslich die Möglichkeiten, durch eine geeignete Gestaltung der Rahmenbedingungen die Voraussetzungen des Zusammenschlusses zu verbessern. Zu denken ist zum Beispiel an Massnahmen wie:

- gezielte Job rotations von Führungskräften, um das Verständnis für die andere Kultur zu verbessern
- gesellschaftsübergreifend zusammengesetzte Teams
- Solidarität durch teilweise Bindung des Bonus an das Gesamtergebnis oder an wichtige qualitative Aspekte des Zusammenschlusses
- strukturelle Anpassungen
- Erarbeiten eines einheitlichen Führungsverständnisses, Auseinandersetzung mit Werten im Rahmen der Führung
- Beteiligungsmöglichkeiten der Mitarbeiter/innen.

Oft lohnt es sich, das Human Resources-Management auf eine neue Grundlage zu stellen. Ein Human Resources-Management Audit, das eine zukunftsbezogene Standortbestimmung vornimmt, kann dazu ein solider Ausgangspunkt für konkrete Human Resources-Konzepte und die Ausarbeitung spezifischer Instrumente sein.

- **Beispiel eines möglichen Vorgehens:**

  Kürzlich begleitete ich den Zusammenschluss zweier Unternehmen in verschiedenen Ländern, die einander zuvor während Jahren hart bekämpft hatten. Da sich die obersten Leitungen der beiden Unternehmen der kulturellen und menschlichen Brisanz bewusst waren, beauftragten sie mich, Vorgehensmöglichkeiten auszuarbeiten, um den Zusammenschluss in den verschiedenen Phasen zu begleiten.

  1. Schritt:

     Diagnose der Unternehmenskultur und der menschlichen Potentiale durch den externen Berater.

  2. Schritt:

     Kommunikationsmarkt mit den Führungskräften beider Unternehmen unter dem Motto "gemeinsam sind wir stärker" (siehe *Abbildung 36*).

     Dabei ging es darum:

     - "einander kennenzulernen" (auch auf der menschlichen und gesellschaftlichen Ebene durch einen entsprechenden Rahmen und ausgewählte Rahmenveranstaltungen)
     - die Vision des Unternehmens klarzumachen und die Strategie verbindlich zu transportieren
     - gegenseitige Information über die beiden Unternehmen und ihre Unternehmenskultur auszutauschen. Wie sehe ich den anderen? Wie meine ich, dass er mich sieht?
     - falsche Vorstellungen und Ängste abzubauen
     - Gelegenheit zu geben, in Arbeitsgruppen an der gemeinsamen Zukunft mitzuarbeiten
     - einen Rahmen für Aufbruchstimmung zu schaffen.

Abbildung 36: Beispiel eines Kommunikationsmarktes

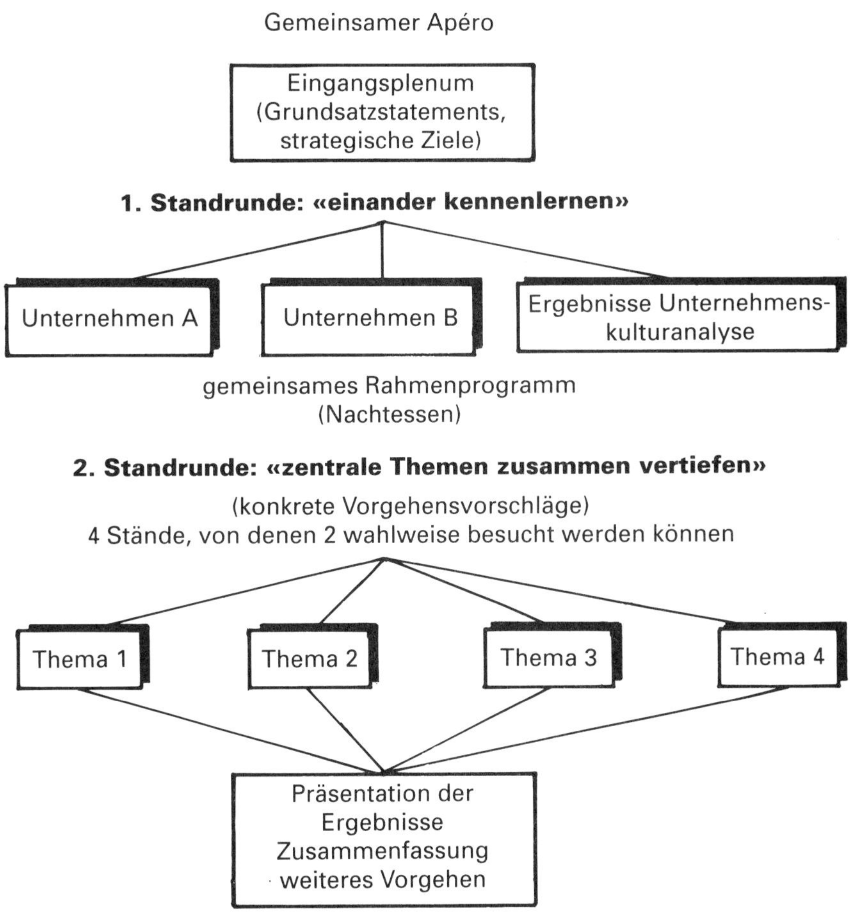

Einer Reihe **symbolischer Handlungen** (z.B. Anlass auf Hotelschiff = "Wir sitzen alle im gleichen Boot") begleitete die ganze Veranstaltung, so dass sich der Wandel auch auf diese Weise einprägte.

3. Schritt:

Einen geeigneten Rahmen schaffen:

- Vertiefung der wichtigsten Konzepte und Projekte in "Integrationsgruppen".
- Die Geschäftsleitung verwendete persönlich viel Zeit auf ausführliche Gespräche mit allen Führungskräften. Sie zeigte auch den Mitarbeitern/innen die Chancen des Zusammengehens einprägsam auf, und es wurden schnelle Informationsmöglichkeiten geschaffen.
- Gleichzeitig legte das Management eindeutige Zuständigkeiten fest und setzte im Zusammenhang mit dem Zusammenschluss den Führungskräften klare Ziele, nach denen sie später beurteilt wurden.
- Vor allem aber wurden entscheidende Schritte rasch und für alle sichtbar umgesetzt.
- Ein professionelles Projektmanagement und periodische, institutionalisierte Standortbestimmungen dienten dazu, den Prozess immer wieder ganzheitlich zu betrachten und in Gang zu halten.

Nur echtes partnerschaftliches Denken erlaubt es, voneinander zu lernen und aus 1 + 1 nicht 1,5, sondern 3 zu machen.

6.2 Privatisierung[2]

Vor ein paar Jahren wurde die Informatikabteilung eines schweizerischen Kantons aus der Verwaltung ausgegliedert und in eine öffentlich-rechtliche Unternehmung umgewandelt. Eine Expertise hatte gezeigt, dass wirtschaftlicher Informatikeinsatz flexible Rahmenbedingungen verlangt, die nur in einem Unternehmen garantiert sind, das im Wettbewerb steht.

Ich hatte die Gelegenheit, die Privatisierung in verschiedenen Beziehungen als externer Berater zu begleiten.

Flexible Rahmenbedingungen machen aus Beamten noch lange nicht Unternehmer.

Für das Gelingen der Verselbständigung war es von entscheidender Bedeutung, dass möglichst viele Mitarbeiter/innen dem Unternehmen die Treue hielten (Erhalt der Fachkompetenz) und bereit waren, bei der Umwandlung in ein Unternehmen auf den Beamtenstatus zu verzichten und in ein normales Anstellungsverhältnis zu wechseln.

Dabei war davon auszugehen, dass viele Beamten/innen den Staat ganz bewusst als Arbeitgeber gewählt hatten, weil sie sich von der Sicherheit des Arbeitsplatzes, allenfalls mehr Freiheit und vielfältigeren Aufgaben als in der Privatwirtschaft, angezogen fühlten. Es mussten deshalb Voraussetzungen geschaffen werden, um dem Unternehmen kurz-, mittel- und langfristig die wichtigste Ressource, das Personal, zu erhalten und es für die unternehmerische Zielrichtung zu sensibilisieren. Dabei erwiesen sich eine Reihe von Faktoren als für den Erfolg entscheidend.

2 Auf der Grundlage von J.-M. KOBI/P. NYDEGGER: Aus Beamten Unternehmer machen, in: io Management Zeitschrift 60/1991.

Faktoren einer erfolgreichen Privatisierung:

- Visionen motivieren die Mitarbeiter/innen
- Unternehmenskultur ist die Triebfeder unternehmerischen Handelns
- langfristige Strategie konzentriert Kräfte
- professionelles Projektmanagement sichert Vertrauen in den Projekterfolg
- nur der Einbezug der Mitarbeiter/innen sichert die Praxisumsetzung
- konsequente Orientierung am Markt und an den Kunden
- ein motivierendes Umfeld für die Mitarbeiter/innen schaffen.

- **Visionen motivieren die Mitarbeiter/innen**

Eine Verwaltungsorganisation hat wenig Veranlassung, Synergien mit anderen Verwaltungen und Unternehmen und innovative Lösungen zu suchen. Demgegenüber ist ein Unternehmen aus wirtschaftlichen Gründen viel stärker an multiplizierbaren Lösungen interessiert. Die Vision bestand somit darin, ein Modell für eine sinnvolle Aufteilung der Aufgaben zwischen Staat und Privaten aufzustellen und die erhöhten Freiräume zugunsten flexiblerer Lösungen und von mehr Handlungsspielraum für die Mitarbeiter/innen zu nutzen.

- **Unternehmenskultur - Triebfeder unternehmerischen Handelns**

Damit eine Strategie lebt, muss sie von einer entsprechenden Kultur unterstützt werden. Jede Verselbständigung braucht eine neue Denkweise der Mitarbeiter/innen. Daher wurde bereits in einem frühen Stadium die bestehende Kultur analysiert. Es ging nicht zuletzt auch darum, Ängste und Befürchtungen sowie Hemmfaktoren der Veränderung aus Sicht der Mitarbeiter/innen zu erkennen und eine Grundlage für Massnahmen im Personalbereich zu legen.

Erfreulicherweise konnten viele klare Stärken, wie zum Beispiel ein gutes Mitarbeiterpotential sowie hohe Kompetenz und Erfahrung im Unternehmen, festgestellt werden. Beruhigend war auch, dass die Mehrzahl der Mitarbeiter/innen die vorgesehene "Privatisierung" eher als Chance betrachtete und sich davon mehr Flexibilität und eine freiere und leistungsbezogenere Lohnpolitik erhoffte. Ebenso klar kamen allerdings auch die hohen Erwartungen und ein ausgeprägtes Besitzstandsdenken zum Ausdruck.

An einem Management-Workshop, an dem die bestehende Kultur der neuen, gewünschten Kultur gegenübergestellt wurde, fasste eine Gruppe die Stossrichtung wie folgt zusammen:

- weniger Technologielastigkeit, dafür mehr Orientierung am Kunden und am Markt
- weniger Schwerfälligkeit und Bürokratie, dafür mehr Leistungsorientierung und Flexibilität beziehungsweise von einer Steuerung durch Gebote und Verbote zu einer Steuerung über Aufgaben und Ziele
- generell stärkere Betonung der Mitarbeiterorientierung
- weniger Abteilungsegoismen, dafür mehr unité de doctrine.

Die verschiedenen Schwerpunkte der Gestaltung wurden in Arbeitsgruppen weiterbearbeitet. Dadurch erreichte man, dass schon während die entscheidenden Fragen einer Lösung näher gebracht wurden, neue Denkweisen Einzug hielten.

- **Langfristige Strategie konzentriert Kräfte**

Durch den Einbezug der Führungskräfte bei der Erarbeitung der Unternehmensstrategie wurde erreicht, dass sie sich stark damit identifizierten und die einzelnen Massnahmen von den Organisationseinheiten in den unternehmerischen Kontext gestellt werden konnten.

Gemäss Strategie wird der Kunde umfassend betreut. Es werden Dienstleistungen von der Management-Beratung über die Projektentwicklung, Projektbegleitung und die Ausbildung bis zum Systemunterhalt angeboten.

- **Professionelles Projektmanagement sichert Vertrauen in den Projekterfolg**

  Schon früh wurde erkannt, dass nur durch ein professionelles Projektmanagement der Projekterfolg sichergestellt und damit das Vertrauen des Personals in das Gelingen der Verselbständigung gewonnen werden kann. Daher wurde neben der Gesamtprojektleitung als lenkender Instanz ein Projektteam zu hundert Prozent freigestellt. Mit der Definition verschiedener Teilprojekte wurde die Voraussetzung für eine straffe Projektplanung und -steuerung geschaffen. Periodische, über das ganze Vorbereitungsjahr verteilte, institutionalisierte Kader-Workshops dienten dazu, den Prozess immer wieder ganzheitlich zu betrachten und in Gang zu halten. In diesen Workshops wurden die einzelnen Problemkreise, insbesondere die zukünftige Unternehmensstrategie, zusammen mit externen Beratern intensiv erarbeitet.

- **Nur der Einbezug des Personals sichert die Praxisumsetzung**

  Damit die Bedenken des Personals gegenüber der Verselbständigung abgebaut werden konnten, wurde der Information, aber auch dem Einbezug der Mitarbeiter/innen bei der Gestaltung des zukünftigen Unternehmens besondere Beachtung geschenkt. Monatlich wurde mit einem Sonderblatt über den Projektfortschritt und aktuelle Arbeitsergebnisse orientiert. Um die Kommunikation zu fördern, konnte eine Vielzahl der Mitarbeiter/innen mithelfen, ihre Zukunft zu gestalten; unter anderem konnten sie an Kommunikations-Märkten ihre Meinung zu Entwürfen äussern und Ideen zu den Inhalten und zum weiteren Vorgehen beisteuern.

  Im ersten von zwei Personal-Kommunikations-Märkten wurden folgende Themen diskutiert:

  - neue Märkte
  - neue Produkte
  - Kundenorientierung
  - attraktive Anstellungsbedingungen
  - sichere Arbeitsplätze.

Am Stand "Sicherer Arbeitsplatz" wurden auch "heikle" Fragen diskutiert wie:

- Was geschieht mit älteren Mitarbeitern/innen?
- Ist der Besitzstand gewahrt?
- Was geschieht, wenn das Unternehmen nicht erfolgreich sein sollte?

- **Konsequente Orientierung am Markt und an den Kunden**

Zentrales Anliegen musste es sein, durch kundenorientiertes Denken und Handeln den zukünftigen Erfolg am Markt zu sichern.

Im Rahmen einer Arbeitsgruppe "Kundenorientierung" wurden Vorschläge für kundenorientierte Massnahmen erarbeitet. Ergebnis der Arbeitsgruppe waren sechs Leitsätze für die Kundenbetreuung, die konsequent umgesetzt wurden. Kernstück dieser Massnahmen war einerseits ein dreitägiges Marketingseminar, andererseits die Institutionalisierung des Marketing in der Aufbauorganisation. Das Marketingseminar wurde von gut der Hälfte des Personals besucht. Neben der Schulung von kundenorientiertem Verhalten vermittelte es auch Hilfen für die Erstellung von Offerten, Checklisten für Kundenbesuche usw.

Anlässlich eines speziellen Kommunikationsmarktes wurde auch den Kunden ermöglicht, sich drei Monate vor dem Start über den Projektstand und das zukünftige Unternehmen informieren zu lassen. Daneben hatten sie auch Gelegenheit, Wünsche und Anregungen in die laufenden Arbeiten einzubringen. Diese Form der Information und des Einbezuges wurde von den Kunden sehr geschätzt.

Besondere Aufmerksamkeit wurde dem Corporate Image gewidmet. Unter anderem wurde ein einheitliches Corporate Design von der Visitenkarte bis zum Briefumschlag, vom Geschenk-Filzstift bis zum Firmenschild durchgezogen. Dazu kamen eine entsprechende Image-Kampagne und intensive Öffentlichkeitsarbeit.

- **Ein motivierendes Umfeld für die Mitarbeiter/innen schaffen**

  Im Hinblick auf die Verselbständigung musste das neue Unternehmen die ganze Personalarbeit auf "eigene Beine" stellen.

  Alle Massnahmen auf diesem Gebiet waren darauf angelegt, einerseits einen attraktiven Rahmen zu schaffen und damit den Mitarbeitern/innen zu zeigen, dass sie geschätzt wurden, anderseits selbständiges, verantwortungsvolles und leistungsbezogenes Handeln zu fördern. Grundlage waren die Personalpolitik, die Führungsgrundsätze und das Ausbildungskonzept mit klaren strategiebezogenen Schwerpunkten sowie die Einführung einer leistungsbezogenen Entlöhnung.

  Speziell herausgegriffen werden die Anstellungsbedingungen und insbesondere die darin enthaltene Arbeitszeitregelung. Betreffend die individuelle Arbeitszeit wurde von den Arbeitsgruppen eine Lösung mit Wahlmöglichkeiten für die Mitarbeiter/innen vorgeschlagen und ausgewählt. Nach diesem Modell werden Abweichungen von der Normalarbeitszeit individuell jährlich, in Kombination mit dem Salär und/oder Ferien, mit der Unternehmung vereinbart. Dieses Modell hat sich als sehr erfolgreich erwiesen.

  In den ersten vier Jahren ist es gelungen, ein funktionierendes privatwirtschaftliches Unternehmen aufzubauen. Leistungsbereitschaft und Qualitätsbewusstsein haben entscheidend zugenommen. Naturgemäss ist der Prozess des Kulturwandels aber noch nicht abgeschlossen.

6.3 Qualitätsmanagement im Dienstleistungsunternehmen

Qualitätsmanagement wird in der Industrie schon lange sehr ernst genommen. Im Dienstleistungsbereich gibt es hingegen wenig systematische Ansätze. Der Qualitätsdruck steigt rapid. Zudem bedeutet Qualität verbesserte Produktivität und geringere Kosten. Es gibt eine enge Korrelation zwischen Qualität und Unternehmenserfolg. Wenn die Arbeit von Anfang an richtig gemacht wurde, könnten zwanzig Prozent eingespart werden.

Qualität wird immer umfassender verstanden. Die Qualitätsnormen[3] definieren Qualität als die Übereinstimmung mit den Anforderungen der externen Kunden. Dieser Qualitätsbegriff ist aus meiner Sicht zu eng. Die ganze Denkweise der Mitarbeiter/innen gegenüber internen und externen Kunden muss qualitätsbezogen sein. Führungs- und Zusammenarbeitsqualität gehören ebenfalls zu einem umfassend verstandenen Qualitätsbegriff (siehe *Abbildung 37*). Strategie und Marketing sind konsequent einzubeziehen.

Abbildung 37: Total Quality Management

[3] (ISO 9000).

Total Quality Management bedeutet die Umsetzung einiger weniger Prinzipien im Unternehmen wie:

- Kundenorientierung (interne und externe Kunden),
- Prozessorientierung,
- ständige Verbesserung und
- präventives Verhalten.

Die besten Qualitätssysteme sind ohne ein entsprechendes Qualitätsdenken wertlos. Mit einer Zertifizierung nach ISO-Normen werden bei weitem nicht alle Aspekte abgedeckt. Führungsqualität, Strategie, Marketing usw. sind höchstens ansatzweise enthalten. Viele zertifizierte Unternehmen haben erkennen müssen, dass Qualitätssicherungssysteme und -werkzeuge ohne ein entsprechendes Qualitätsdenken wertlos sind. Erst eine ganzheitliche Betrachtungsweise, die auch die Kultur und die weichen Elemente einbezieht, erlaubt einen Quantensprung.

Für eine Bank entwickelte ich mit meinen Partnern einen Qualitätsansatz, der konsequent von den Kundenerwartungen ausgeht und harte wie weiche Qualitätselemente einsetzt (Total Performance Management). Die besten Qualitäts-Tools nützen nämlich nichts, wenn nicht jede/r Mitarbeiter/in von einem eigentlichen Qualitätsdenken durchdrungen ist.

Im Sinne der *Abbildung 38* wurden zuerst die Kundenbedürfnisse der Ist-Situation gegenübergestellt und daraus das Vorgehen für Prozesse, Verhaltensstandards und Qualitätsstandards abgeleitet.

Im wesentlichen wurden folgende Module eingesetzt:

1. Kurz-Ist-Aufnahme

Ziel: Mit einem minimalen Aufwand eine fundierte Standortbestimmung erstellen, um daraus die Qualitätsziele definieren und Verbesserungsmassnahmen ableiten zu können.

Abbildung 38: Vorgehen in Qualitätsprojekten

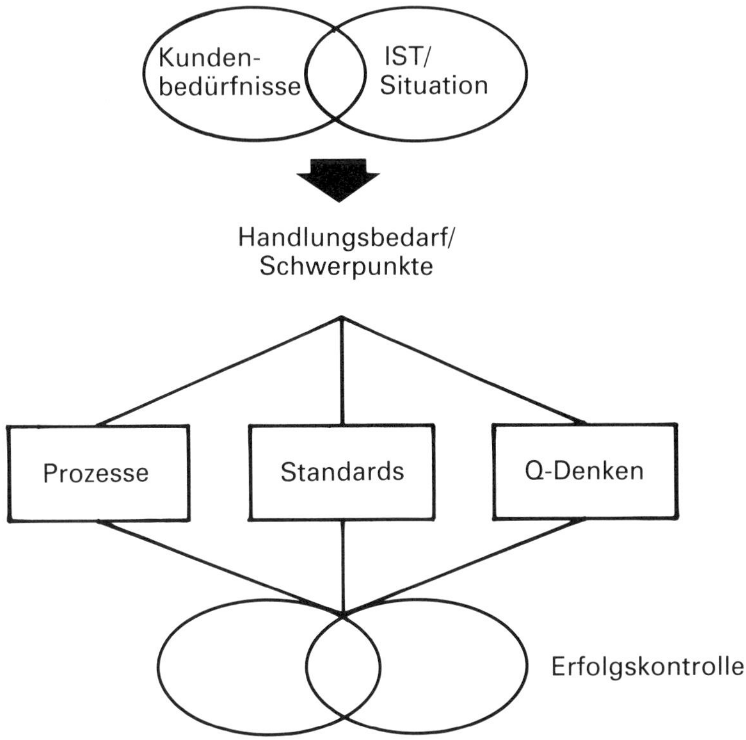

Instrumente: Aus dem breiten Spektrum der Möglichkeiten wurde eine spezifische Mischung von Instrumenten eingesetzt:

- Kundenkurzbefragung (per Telefon, wiederholbar, gegenüber externen und internen sowie aktuellen und ehemaligen Kunden; Kundenbarometer)
- einzelne gezielte Einzelinterviews
- Schalter- und Beratungstests

- Reklamationsanalyse (zum internen Qualitätsverständnis)
- Qualitätszirkel mit Kunden
- Auswertung eigener und von Konkurrenzdaten.

2. Top-Workshop

Ziel: Sensibilisierung
gemeinsames Verständnis und Engagement
Leitplanken festlegen

Organisation: Teilnehmer: alle Direktionsmitglieder sowie die vorgesehenen Mitglieder des Kernteams
Dauer: zweimal ein Tag

Inhalt:

- Ist-Situation: Self Assessment
  Konfrontation mit Ist-Analyse
  Schwerpunkte des Handlungsbedarfes
- Q-Standards, Q-Leitbild: Diskussion grundsätzlicher Vorgehensmöglichkeiten
  Definition der gewünschten Qualität
  Formulierung der Grundzüge eines Leitbildes
  Zielvereinbarung mit Kernteam
- Q-Schwerpunkte und -standards: Leitplanken für das weitere Vorgehen
  Process Design
- Organisation Q-Management: erste personelle Vorstellungen
- Q-Prozesse: Prozessverständnis schaffen
  Kernprozesse festlegen
- Informations- und Schulungskonzept

- Q-Denken: für Bedeutung der weichen Dimension sensibilisieren
  Sofortprogramm verabschieden

3. Systematisierung der Prozesse

Die Systematisierung der Prozesse stellt einen entscheidenden Schritt zur substantiellen Qualitätsverbesserung dar.

Durch das Prozessmanagement werden Prozesse (Abläufe)

- so beschrieben, dass sie für alle Beteiligten transparent, verständlich und überschaubar werden;
- besser beherrschbar werden, was zu einem besseren Prozessverständnis führt. Transparente, messbare Prozesse sind beherrschte Prozesse;
- so gestaltet und konkret, dass eine ständige Optimierung möglich wird.

Die wesentlichen Schritte sind:

- Auswahl der wichtigsten Prozesse
- Einsatz und Ausbildung der Prozessverantwortlichen
- Festlegung des Ist-Zustandes in einem Self-Assessment
- Festlegung der Ziele und Messgrössen, Definition der Standards
- Messung
- Definition der prioritären Verbesserungsfelder als Projekte
  - · konkrete Verbesserungen
  - · Beseitigung von Fehlerursachen
  - · Schnittstellenmanagement
  - · Engpassmanagement.

4. Service-Training

Auf eine Schulung auf breiter Basis wurde verzichtet. Statt dessen wurde eine gezielte on the job-Schulung mit Coaching für besonders wichtige Mitarbeitergruppen durchgeführt (z.B. Kundenberater, Qualitätsbeauftragte, Moderatoren von Qualitätszirkeln).

5. Informationsoffensive

Unter anderem wurden folgende konkreten Aktionen durchgeführt:

- Erarbeitung eines eigentlichen Kommunikationskonzeptes
- grosse Auftakt-Veranstaltung für alle Mitarbeiter mit der Möglichkeit, zu diskutieren und eigene Ideen einzubringen (Ziel: Alle wissen, um was es geht und kennen die Bedeutung der Qualität). Bedeutung und Notwendigkeit wurden klargemacht und erste Vorgehensschritte zur Diskussion gestellt.

  An dieser Veranstaltung bekam jeder einen Faltprospekt. Auf dem Deckblatt stand nur die Frage: Wer ist für die Qualität verantwortlich? Auf der Innenseite gab ein Spiegel die Antwort.

  Erfreulicherweise waren zwei Drittel der Teilnehmer bereit, sich in einem Qualitätsprojekt zu engagieren.
- ständige Berichte in der Hauszeitung
- Litfassäule mit aktuellen Informationen.

6. Weitere weiche Elemente

- jeder Mitarbeiter/jede Mitarbeiterin erhält zwei Qualitätsziele
- qualitätsbezogene Entlöhnung/Qualifikation
- Führungsworkshop zum Thema Führungsqualität
- Teamarbeit als Korridorthema in der Schulung
- Qualitätsrose, die aufgrund einer Umfrage an das beste Team vergeben wird.

7. Qualitätskontrolle

Entscheidend sind die ständigen Verbesserungen, die unterstützt werden durch:

- regelmässiges Feedback
- Kundenzufriedenheitsbarometer

- Feiern von Erfolgen
- Multiplizieren von Kundenbeispielen
- Qualitäts-Audit.

6.4 Schneller werden

Aufgrund einer Mitarbeiterbefragung hat der obere Führungskreis eines Industrieunternehmens mit 3'500 Mitarbeitern/innen die Schnelligkeit zum Thema der nächsten Jahre gemacht.

Anregungen aus der Mitarbeiterbefragung waren zum Beispiel:

- zuwenig schnell in sich rasant wandelnden Märkten
- schlanker, beweglicher werden, abspecken
- weniger Hierarchie, Anzahl Führungsebenen abbauen
- mehr Aggressivität, Dynamik
- zu grosse Sattheit, Selbstgefälligkeit
- agieren statt reagieren
- innovativer, flexibler werden.

Auf der Treppe Kosten - Qualität - Schnelligkeit ging das Unternehmen nun daran, den entscheidenden dritten Schritt in Angriff zu nehmen. Das grösste Verbesserungspotential wurde vorab im Vertrieb und in der Administration geortet. Im Rahmen eines Management-Workshops reifte die Überzeugung, dass schneller Lernen als die Konkurrenz der entscheidende Erfolgsfaktor in der Zukunft sein werde.

- **Brücke des Wandels**

  Im Rahmen des Management-Workshops wurden vorerst, im Sinne einer Konzentration der Kräfte, die wesentlichen Ziele und Massnahmenfelder definiert, Schwerpunkte wurden in der bereichsübergreifenden Zusammenarbeit in Projekten und in den kaufmännischen Vertriebsbereichen gesetzt.

Im Sinne der Brücke des Wandels wurde eine Reihe von "harten" Faktoren vorgesehen. Dabei war man sich immer bewusst, dass Schnelligkeit im Unternehmen letztlich eine Frage der Mentalität ist. Den weichen Faktoren wurde deshalb besonders viel Zeit gewidmet, wenn auch entsprechend der verbreiteten Ingenieurmentalität der Teilnehmer die harten Massnahmen letztlich doch stark zum Tragen kamen.

- **Harte Faktoren**

Im Rahmen der "harten" Faktoren wurden folgende Schwerpunkte gesetzt:

- Management Review, beginnend bei den oberen Führungskräften. Aufgrund klarer zukunftsbezogener Anforderungsprofile, wird das Potential der Führungskräfte erfasst. Ziel ist eine substantielle Straffung des oberen Managements.
- Verstärkte Sorgfalt in der Auswahl neuer Führungskräfte unter besonderer Beachtung von Dynamik und Flexibilität (Einführung eines Assessment Centers).
- Konkrete Job rotations-Programme: Einführung des Grundsatzes, dass in der Regel keine Führungskraft länger als sieben bis zehn Jahre in derselben Funktion bleiben soll. Beförderungen in den oberen Führungskreis setzen Erfahrung aus mindestens zwei Bereichen voraus.

Flexibilisierung der Strukturen:

- Die sehr fein abgestufte Hierarchie wurde bereits vor sechs Jahren reduziert. Bis in zwei Jahren sollen vier Managementebenen genügen. Eine breitere Kontrollspanne zwingt die Vorgesetzten zu delegieren und Freiräume zu lassen.
- Die bereits bestehende Projektorganisation wird tatkräftig ausgebaut und bereichsübergreifend funktionsfähiger gestaltet. Die Projektleiter werden mit Kompetenzen und entsprechendem Status ausgestattet.

- Die meisten grösseren Unternehmen haben sich im Laufe der Zeit ihre Komplexität selbst geschaffen. Über Spezialisierung und kleiner werdende Aufgabenzuschnitte sind vermehrt Schnittstellenprobleme, Koordinationsbedarf und Bürokratie entstanden. Heute sind Entbürokratisierung, weniger Spezialisierung und weniger Absicherung angesagt. Entsprechende Programme werden in zwei Pilotbereichen in Angriff genommen.

Ablauforganisationen:

Die Möglichkeiten, dass Abläufe verzögert werden, sind in der Praxis vielfältig, zum Beispiel durch:

- unvollständige Kundenanforderungen
- unterschiedliche Informatik-Systeme
- unvollständige Unterlagen
- falsche Lieferungen usw.

Es wurden die zwanzig wichtigsten bereichsübergreifenden Projekte definiert. Jeder Prozess wird gemessen (z.B. Durchlaufszeiten, Reaktionszeiten), und es werden dafür Standards entwickelt. Damit ist die Grundlage gegeben, um Prozesse zu verbessern, Schnittstellen zu reduzieren und Engpässe zu eliminieren.

Human Resources-Management:

- Jeder Mitarbeiter/jede Mitarbeiterin erhält ein schnelligkeits- oder flexibilitätsbezogenes Jahresziel.
- Es werden neue Prämien für Gruppen/Projekte eingeführt.
- Schnelligkeit und Flexibilität werden als Korridorthemen in der Schulung angeboten.
- Sog. Cafeteria-Systeme werden gefördert.

- **Weiche Faktoren**
  - Engagement des Managements:
    - Im Rahmen des Workshops werden die zehn Gebote zur Erreichung grösserer Schnelligkeit formuliert und von jedem Teilnehmer unterschrieben.
    - Jede Führungskraft stellt einen Plan auf, wie sie das Thema im Alltag mehr beachten, betonen und kontrollieren kann.
    - Jede Führungskraft erstellt während vier Wochen ein Zeitinventar, um ihre Arbeit vermehrt nach den strategischen Prioritäten auszurichten.
    - Auf Perfektion wird bewusst verzichtet.
    - Rasche, klare Entscheidungen werden angestrebt. Wenn 80 Prozent der Informationen vorliegen, soll entschieden werden.
  - Breiter Einbezug der Mitarbeiter:
    - In Zukunft soll mehr mündlich als schriftlich informiert werden.
    - Es werden sogenannte "Highspeed-Management-Circles" eingerichtet.
    - Der Entscheidungsspielraum wird gezielt vergrössert, damit soll die Möglichkeit geschaffen werden, dass auf allen Stufen Dynamik entfaltet werden kann.
    - Eine Reihe von Experimenten wird sofort angegangen.
  - Symbolische Handlungen:
    - An einem fixen Tag arbeiten alle Vorgesetzten am Thema Schnelligkeit.
    - Zum Thema Schnelligkeit wird eine Auftakt-Veranstaltung durchgeführt.
  - Reflexion/Feedback:
    - Periodische Standortbestimmungen werden festgelegt.
    - Bewährte Beispiele sollen unverzüglich bekanntgemacht und multipliziert werden.

6.5 Workshop "Management von Veränderungsprozessen"

In einem Workshop zur Sensibilisierung für den Wandel wurde folgendes Konzept realisiert:

Ziele:	- Auseinandersetzung mit Veränderungen und Erfolgsfaktoren des Wandels - Umgang mit der "weichen" Dimension des Wandels (Widerstände usw.) - Erarbeiten eines persönlichen Vorgehenskonzeptes für Veränderungssituationen - Arbeit an einem eigenen konkreten Veränderungsprojekt
Vorbereitung	Definition eines eigenen Veränderungsprojektes
Aufbau:	**Workshoptag** - Kennzeichen und Grundlagen des Wandels - Auseinandersetzung mit eigener Strategie, Kultur und Struktur sowie dem Handlungsbedarf - Instrumente zur Situationsanalyse - Schlüsselfaktoren erfolgreicher Veränderung - Voraussetzungen und Klippen in Veränderungsprozessen - Anleitung zur Umsetzung - Führung und Führungspersönlichkeit im Wandel - Bedeutung der eigenen Rolle und Veränderungsbereitschaft - Erarbeitung eines persönlichen Vorgehenskonzeptes
	Supervision - Situationsanalyse und Vorgehenskonzept (individuell) - Supervision zu eigenem Projekt
	Feedbacktag - Erfahrungsaustausch - Vertiefung einzelner Aspekte - weitere Konkretisierung des eigenen Projektes

Nachwort

Angesichts des vielfältigen Wandels von innen und aussen gibt es keine Alternative zum Wandel. "Herr der Vergangenheit ist, wer sich erinnern kann, Herr der Zukunft, wer sich wandeln kann."

Neben den harten Erfolgsfaktoren sind die weichen mindestens ebenso wichtig. Wir müssen auch akzeptieren, dass Wandel nicht in jeder Beziehung planbar und steuerbar ist. Management des Wandels bleibt bis zu einem gewissen Grad immer ein Abenteuer.

Unternehmen müssen zu lernenden Organisationen werden. Dazu gehört ein entsprechendes Lernklima, die Verbindung von individuellem Lernen und Unternehmenslernen, eine Führung, die Lernen begünstigt, und Umsetzungsorientierung.

"Einem Unternehmen, dem die Kraft zur Veränderung fehlt, fehlt auch die Kraft zur Erhaltung" (E. BURKE, englischer Politiker).

Literaturverzeichnis

BLEICHER, K.: Organisation, Wiesbaden 1991.

ZUR BONSEN, M.: Führen mit Visionen – Der Weg zum ganzheitlichen Management, Wiesbaden 1994.

CHAMPY, J.: Reengineering im Management, Frankfurt am Main/New York 1995.

CZICHOS, R.: Change Management, München 1990.

DOPPLER, K./LAUTERBURG, Ch.: Change Management: den Unternehmenswandel gestalten, Frankfurt am Main/New York 1994.

DÖRNER, D.: Die Logik des Misslingens, Strategisches Denken in komplexen Situationen, Reinbek bei Hamburg 1989.

FOPP, L.: Metamorphosen-Management ist erfolgswirksam, in: Schweiz. Arbeitgeberzeitung 2/93, 29 ff.

GERKEN, G.: Management by Love - mehr Erfolg durch Menschlichkeit, Düsseldorf 1990.

GLASL, F./LIEVEGOED, B.: Dynamische Unternehmensentwicklung, Bern/Stuttgart/Wien 1993.

GOMEZ, P. (Hrsg.): Unternehmerischer Wandel, Wiesbaden 1994.

GUNTERN, G.: Im Zeichen des Schmetterlings, Zürich 1992.

HÄFELFINGER, K.: Intrapreneurship: Innovationskraft steigern, in: io Management Zeitschrift 12/90.

HAMMER, M./CHAMPY, J.: Business Reengineering. Die Radikalkur für das Unternehmen, Frankfurt am Main/New York 1994.

HANDY, CH.: Im Bauch der Organisation, Frankfurt am Main 1993.

HINTERHUBER, H.H.: Wettbewerbsstrategien, Berlin 1990.

HÖHLER, G.: Spielregeln für Sieger, Düsseldorf 1992.

HURST, D.K.: Of boxes, bubbles, and effective management, in; Harvard Business Review 62 (5-6/1984), 78 ff.

KIENBAUM, J. (Hrsg.): Visionäres Personalmanagement, Stuttgart 1992.

KLIMECKI, R.G./PROBST, G./GMÜR, M.: Flexibilisierungsmanagement, in: Die Orientierung Nr. 102/1993.

KOBI, J.-M.: Human Resources im kulturellen und strategischen Kontext, in: Die Orientierung Nr. 97/1991.

KOBI, J.-M.: Humanpotential und Unternehmenskultur bei Zusammenschlüssen entscheidend, in: io Management Zeitschrift 5/91.

KOBI, J.-M.: Den Nährboden für Visionen schaffen, in: Der Karriereberater 9/92, 79 ff.

KOBI, J.-M.: Humanpotential und Unternehmenskultur: Die entscheidenden Faktoren bei Zusammenschlüssen, Personalführung 6/92, 448 ff.

KOBI, J.-M./ANGST, H.: Potentialerfassung und -entwicklung in der Praxis, in: io Management Zeitschrift 62/1993, 30 ff.

KOBI, J.-M./NYDEGGER, P.: Aus Beamten Unternehmer machen, in: io Management Zeitschrift 60/1991.

KOBI, J.-M./WÜTHRICH, H.A.: Unternehmenskultur verstehen, erfassen und gestalten, Landsberg am Lech 1986.

KÖNIGSWIESER, R./LUTZ, C. (Hrsg.): Das systemisch-evolutionäre Management, Wien 1990.

KOTTER, J.: Abschied vom Erbsenzähler - Leadership: A Force for Change, Düsseldorf 1991.

LUKAS, A.: Abschied von der Reparaturkultur: Selbsterneuerung durch ein neues Miteinander, Frankfurt am Main/Wiesbaden 1995.

MANN, R.: Das visionäre Unternehmen, Wiesbaden 1990.

MOSS KANTER, R.: When Giants Learn to dance, London 1989.

MÜLLER-STEWENS, G./SPICKERS, J. (Hrsg.): Unternehmerischen Wandel erfolgreich bewältigen, Wiesbaden 1995.

PAUTZKE, G.: Die Evolution der organisatorischen Wissensbasis, München 1989.

PEDLER, M./BURGOYNE, J./BOYDELL, T.: Das lernende Unternehmen: Potentiale freilegen, Wettbewerbsvorteile sichern, Frankfurt am Main/New York 1994.

PINCHOT, G.: Intrapreneuring, Wiesbaden 1988.

PROBST, G.J.B.: Selbstorganisation - Ordnungsprozesse in sozialen Systemen aus ganzheitlicher Sicht, Berlin und Hamburg 1987.

PROBST, G.J.B.: Organisation, Landsberg am Lech 1993.

PROBST, G.J.B./BÜCHEL, B.: Organisationales Lernen – Wettbewerbswandel der Zukunft, Wiesbaden 1994.

PÜMPIN, C./KOBI, J.M./WÜTHRICH, H.A.: Unternehmenskultur, Basis strategischer Profilierung erfolgreicher Unternehmen, in: Die Orientierung Nr. 85/1985.

PÜMPIN, C./PRANGE, J.: Management der Unternehmensentwicklung, Frankfurt am Main 1991.

SATTELBERGER, TH. (Hrsg.): Die lernende Organisation, Wiesbaden 1991.

SATTELBERGER, TH.: Coaching: Alter Wein in neuen Schläuchen. Oder: Renaissance helfender Beziehungen in einer lernenden Organisation, in: Personalführung 6/1990.

SCHEIN, E.: Unternehmenskultur, Frankfurt am Main/New York 1995.

SCHOLZ, J.M. (Hrsg.): Internationales Change-Management, Stuttgart 1995.
SENGE, P.M.: The fifth discipline. The Art & Practice of the learning organizations, Double Day Currency, New York, 1990.
SENGE, P.M./KLEINER, A./ROBERTS, Ch./ROSS, R.G./SMITH, B.J.: The fifth discipline Fieldbook, New York 1994.
SPRENGER, R.K.: Mythos Motivation, Frankfurt am Main 1992.
THOM, N.: Innovationsmanagement, in: Die Orientierung 100/1992.
ULSAMER, B.: Erfolgstraining für Manager, Düsseldorf 1992.
WOHLGEMUTH, A.C.: Unternehmensdiagnose in Schweizer Unternehmungen. Untersuchungen zum Erfolg mit besonderer Berücksichtigung des Humanpotentials, Bern, Frankfurt am Main, New York 1989.
WÜTHRICH, H.A.: Neuland des strategischen Denkens, Wege zu einem postkompetitiven Strategieverständnis, Wiesbaden 1991.
ZIESCHE, S.: Widerstand willkommen!, in: io, Management Zeitschrift 62/1993.

Zum Autor

Dr. J.M. KOBI führt seit 1988 ein eigenes Management-Beratungsunternehmen in Zürich mit den Schwerpunkten:

- Entwickeln von Human Resources
- Begleiten und Realisieren von kulturellen und strategischen Veränderungen
- Management Coaching.

Vorher erwarb er langjährige Führungserfahrung im Personalwesen eines grossen Industrieunternehmens und als Unternehmensberater einer führenden Beratungsgesellschaft, insbesondere für strategische, kulturelle und personelle Fragen.